Peter Menasse

Rede an uns

Peter Menasse: Rede an uns

www.edition-a.at

Lektorat: Johannes Epple, Raphaela Brandner

Cover: Hidsch
Gestaltung: Raphaela Brandner
Druck: Theiss (www.theiss.at)

Schriften:
Premiéra
Futura

1 2 3 4 5 6 — 15 14 13 12

ISBN 978-3-99001-053-2

Peter Menasse

REDE AN UNS

edition a

Juden haben das kulturelle, wirtschaftliche, wissenschaftliche und geistige Leben im Europa des 19. und beginnenden 20. Jahrhunderts entscheidend geprägt. Das Volk des Lernens und des Diskurses schuf Wissen und Kenntnisse, die bis heute nachwirken.

Die Machtergreifung der Nationalsozialisten und die folgende massenhafte Vertreibung und industriell betriebene Tötung der Juden hinterließen in Deutschland und Österreich eine kulturelle Wüste. Erst viele Jahrzehnte nach der Shoah erblühten die Landschaften des Wissens und der Kreativität erneut.

Wenn die entwickelten Volkswirtschaften heute riesige Budgets in die Ausbildung von Experten stecken und alle Formen von Kreativität fördern, um für den globalen Wettbewerb gerüstet zu sein, so lässt sich ermessen, was die Naziverbrecher nicht nur an den Juden, sondern auch an den Mehrheitsgesellschaften in den beiden Ländern angerichtet haben. Ich spreche nicht von den Abermillionen Toten, die sie auf dem Gewissen haben. Nationalistische Populisten erweisen sich stets als Feinde ihres eigenen Volkes.

Dort, wo es noch relevante Zahlen an Juden gibt, in den USA und in Israel, vollbringt diese insgesamt so klein gewordene Gruppe auch heute wieder enorme positive Leistungen.

Nur wenige Juden sind nach Deutschland und Österreich zurückgekehrt. Es dauerte lange, bis sie in der Lage waren, den Einbruch des Grauens in ihr Leben einigermaßen zu bewältigen und wieder am gesellschaftlichen Leben teilzunehmen. Es herrschte in den Jahren nach 1945 eine »Verschwörung des Schweigens«, weil die Verfolgten all ihre Energie darauf verwenden mussten, neue Wurzeln zu schlagen, die Reste ihrer Familien zu suchen und aus dem Irrsinn in ein normales Leben zu finden.

Außer ihnen hatte niemand Interesse an einer Aufarbeitung. Es gab die Täter, die zu vertuschen und zu verleugnen suchten, und dann die große Gruppe jener, die zum einen die Zeichen der Zeit nicht erkannt oder zum anderen einfach nicht gewusst hatten, wie sie sich gegen die Untaten des Nationalsozialismus hätten auflehnen können.

In Deutschland, oder besser in seinem westlichen Teil, begann früher als in meiner Heimat Österreich die Phase der Aufarbeitung und des Gedenkens. Heute sind alle Umstände bekannt, das Unrecht ist benannt. Es gibt Gedenkstätten, Museen, Denkmäler, Datenbanken, Filme und Literatur, die das Geschehen dokumentieren. Der Blick in die Vergangenheit reicht tief. Wie weit aber geht unser Blick in die Zukunft?

Wir Juden treten in eine dritte Phase, in der wir uns mehr oder sogar ausschließlich der Gegenwart und Zukunft zuwenden müssen.

Wenn wir uns ungeachtet unserer Marginalisierung – es leben in Deutschland und Österreich nur mehr wenige Juden – nicht wieder als mitgestaltende Träger gesellschaftlicher Bereicherung begreifen, werden wir zunehmend an Bedeutung verlieren. Wollen wir die berechtigten Erben des großen intellektuellen Schatzes sein, den unsere Vorfahren geschaffen haben, müssen wir nach vorne blicken und eine optimistische Haltung einnehmen.

Wir sind die Nachkommen von Gustav Mahler und Leonard Bernstein, von Heinrich Heine und Stefan Zweig, von Karl Kraus und Sigmund Freud, von Karl Landsteiner und Albert Einstein, von den Marx Brothers und Samuel Goldwyn.

Dieses Vermächtnis müssen wir pflegen und fortsetzen. Wir müssen die Bürde der Opferrolle ablegen. Manche unter uns möchte ich aufrufen, den inflationär gebrauchten Vorwurf des Antisemitismus an unsere Kritiker einzustellen, um ihn nicht am Ende der völligen Beliebigkeit und Bedeutungslosigkeit auszusetzen.

Die Gefahr des Bedeutungsverlustes

Juden kennen für alle Gelegenheiten Witze. Sie zeichnen sich dadurch aus, dass sie in aller Kürze ganze Welten erschließen, aber auch dadurch, dass nur wir sie wirklich gut erzählen können. Andere sollten zuhören oder eigene Witze erfinden.

Ein Beispiel: Ein frommer Jude mit einer Kopfbedeckung, groß wie ein Wagenrad, geht auf der Straße, da lässt ein Vogel einen Batzen auf den Hut fallen. Er hebt drohend die Faust gegen das Tier und ruft: »Mir scheißt du auf den Hut. Für die Gojim (Nichtjuden) singst du.«

Das ist Selbstironie und hat einen wahren Kern. Wer sich ständig ungerecht behandelt fühlt, wird die Welt und sich selbst nicht verändern, sondern bleibt in seiner Ohnmacht stecken. Er ist im wahrsten Sinne des Wortes beschissen dran.

Wer aus seiner Gedankenwelt nicht ausbrechen, sich nicht der Zeit entsprechend verändern kann, verliert an Bedeutung und kann nichts mehr bewirken.

Große Reiche sind zerfallen, Religionen haben ihre Bedeutung verloren. Damit uns das nicht passiert, müssen wir uns nach vorne orientieren. Dort waren wir immer schon, dort gehören wir hin.

Die Leistungen der Juden

Alle Juden aufzuzählen, die der Welt in ihrer kulturellen, wissenschaftlichen, ökonomischen und geistigen Entwicklung entscheidende Impulse gegeben haben, würde ganze Bibliotheken füllen. Ihre Leistungen sollten für uns heutige Juden Ansporn sein, uns vorrangig auf unsere Kernkompetenz, das Klug- und Kreativsein, zu besinnen. Was dem entgegensteht, ist die Opferhaltung, die viele von uns einnehmen. Doch wir heutigen Juden sind keine Opfer.

Manche unter uns beschwören allzu oft und ohne inhaltliche Begründung schnell einmal die Shoah und schleudern sie Menschen entgegen, die diese Untaten nicht zu verantworten haben, ja sie regelrecht verabscheuen. Das schadet unserer Sache.

Darüber hinaus verwechselt jede Zuweisung des Antisemitismus an Menschen, die keine Antisemiten sind und aus tiefstem Herzen keine sein wollen, die Gegenwart mit der Vergangenheit.

> *Der Blick nach hinten behindert die Fortbewegung nach vorne. Nur wenn wir uns an früheren und heutigen Vorbildern orientieren und uns als Menschen der Gegenwart begreifen, können wir wieder jene Bedeutung erlangen, zu der wir fähig sind.*

Für ein neues jüdisches Selbstbild

Unsere Vorfahren waren tatsächlich Opfer des grausamsten Verbrechens der Menschheitsgeschichte, aber wir heutigen Juden sind es nicht. Ich schlage daher vor, dass wir die Opferrolle aufgeben.

Manche in Deutschland und Österreich, die gerne verstecken wollten, was tatsächlich geschehen war, forderten vor Jahrzehnten vehement, die Vergangenheit ruhen zu lassen. Das war lange bevor jemand mit der Aufarbeitung der Nazigeschichte begann. Mitten in der Periode des sprachlosen Entsetzens wollten sie die Erinnerung tilgen, unseren Vorfahren den Mund verbieten. Es wäre ihnen lieber gewesen, wäre ihre Schande nicht ans Tageslicht gekommen. Für sie waren überlebende Juden der Stachel im Fleisch ihrer elenden Verbrechen. Aber auf diese Leugner hörten wir damals nicht, auf sie hören wir auch heute nicht. Inzwischen fanden die meisten von denen, die Verbrechen verübten, die mitjubelten oder mitliefen, ihr eigenes Ende. Auch jene, die nicht wussten, wie sie das Grauen hätten verhindern können, sind nicht mehr unter uns.

Einige ihrer Kinder und Enkelkinder fordern seit Jahrzehnten und bis heute: »Jetzt muss doch endlich Schluss sein.« Wir sagen diesen Ewiggestrigen: Wann Schluss ist, bestimmen wir, nicht ihr. Lernt aus der Geschichte, beginnt selbstständig zu denken, emanzipiert euch, löst euch von einem Erbe, das über unsere Länder nur Unglück und Schande gebracht hat. Was eure Vorväter taten, ist auch euch anzulasten, wenn ihr euch nicht distanzieren könnt, wenn ihr das Unrecht nicht begreift.

Wir Juden aber sagen heute und damit zum richtigen Zeitpunkt: Wir sind keine Opfer. Die Zahl der noch lebenden Juden, die unter der Shoah gelitten haben, ist schon sehr gering geworden.

> *Den Opfern der Shoah schulden wir unseren ganzen Respekt. Aber jetzt ist es an der Zeit, dass wir Nachgeborenen einen Schlussstrich ziehen.*

Ich meine nicht, dass wir den Kampf gegen Antisemiten beenden sollten. Im Gegenteil, wir müssen wachsam und wehrhaft bleiben. Aber wir sollten dabei einen selbstbewussten Gestus einnehmen und nicht die klagende Haltung des Opfers. Dieser Kampf darf nicht unser vorrangiger Lebensinhalt sein. Die Rolle des Opfers passt nicht zu uns, sie ist kontraproduktiv. Wer sich als Opfer fühlt oder als solches gesehen wird, hat ein Problem.

Opfer werden nicht ernst genommen, können nicht für sich selbst sprechen, sind entmündigt.

Schließlich verschwindet die Aktualität der Shoah, auch wenn sie das am häufigsten dokumentierte Verbrechen der Menschheitsgeschichte ist, mehr und mehr im Nebel der Historie. Für einen heute Vierzehnjährigen liegen die Taten der Nationalsozialisten so lange zurück wie für einen Pensionisten der Tod von Kronprinz Rudolf und Mary Vetsera. »He, Alter«, sagen sie nicht ganz zu Unrecht, »was geht uns das an?«

Der Antisemitismusvorwurf als Pendant zur Opferrolle

Es gibt Juden, die vorschnell und unüberlegt mit dem Vorwurf des Antisemitismus zur Hand sind, auch gegenüber Menschen, die diese Verdächtigung nicht verdienen. »Wir sind Opfer auf ewig, ihr seid Täter auf ewig«, lautet das Denkmuster. Wenn uns Juden deswegen pauschal der Vorwurf entgegengebracht wird, wir operierten mit der

Antisemitismuskeule, können wir dem allerdings Fakten entgegenhalten.

In einem Interview mit dem »Tagesspiegel« von Ende September 2012 sagte der deutsche Bundesinnenminister Hans-Peter Friedrich: »Mich treibt schon um, dass in einigen Landstrichen Ostdeutschlands Neonazis auftrumpfen und zivilgesellschaftliches Leben bewusst für ihre Zwecke unterwandern.« Hier redet einer nicht von verbalen Keulen, sondern von einer echten Bedrohung durch gewaltbereite Gruppen.

»Die Welt« berichtete im Jahr 2009 über eine Studie der Linguistin Monika Schwarz-Friesel von der TU-Berlin zu antisemitischen Tendenzen in Deutschland. Die Analyse zeige, dass der Großteil der zehntausend E-Mails und Briefe, die während der davorliegenden fünf Jahre beim Zentralrat der Juden und der israelischen Botschaft in Deutschland eingegangen waren, klar antisemitisch gewesen seien. »Und zu unserer Überraschung«, so die Wissenschaftlerin, »stammten weit über 80 Prozent von gebildeten Menschen aus der Mitte der Gesellschaft.« Diese judenfeindlichen Äußerungen würden meist sehr geschickt verpackt. »Aber die Semantik sei genauso radikal wie bei Rechtsextremen.«

Maximilian Gottschlich, der Autor des Buches »Die große Abneigung. Wie antisemitisch ist Österreich?«, fasste die Realität in einem Interview mit dem Magazin »News« zusammen: »Mehr als anderswo gibt es in der österreichischen Gesellschaft eine antisemitische Immunschwäche, eine verminderte Widerstandskraft gegen den antisemitischen Virus. Das emotionale Klima hierzulande macht es dem Antisemitismus leicht. 12 Prozent der Österreicher sind heute der Meinung, es wäre besser, keine Juden im Land zu haben. 22 Prozent sagen, wir brauchen Politiker, die etwas gegen den jüdischen Einfluss tun. 44 Prozent glauben, dass die Juden zu viel Einfluss in der Geschäftswelt haben.

In Deutschland leben rund 160.000 bis 200.000 Juden, von denen laut »Zentralrat der Juden« etwa 100.000 bei den Jüdischen Gemeinden eingetragen sind. Die Israelitische Kultusgemeinde in Österreich zählt etwa 7.700 Mitglieder. Darüber hinaus leben in Österreich ungefähr noch einmal so viele Juden, die nicht bei der Gemeinde eingeschrieben sind.

Juden machen in Deutschland und in Österreich also rund zwei Promille der Gesamtbevölkerung aus, weniger als Bienenzüchter, Briefmarkensammler oder Bodybuilder. Den Einfluss dieser marginalen Gruppe will ein beachtlicher Teil der Bevölkerung zurückgedrängt wissen. Da hilft uns wahrlich kein Argumentieren mit der Shoah.

Die Vorgestrigen, die meisten von ihnen Opfer mangelhaften Denkvermögens, die verzweifelt Gründe für ihr Elend suchen, ohne ihre eigene Unfähigkeit infrage zu stellen, werden wir nicht damit überzeugen, dass es falsch war, unsere Vorfahren zu ermorden und zu vertreiben.

Sie würden uns am liebsten hier und heute zu wirklichen Opfern machen. Was soll da das Opferargument? Bei dieser Gruppe zählt es gar nichts. »Kein vernunftbegabtes Wesen kann sich in den Gedankengang dieser verjauchten Gehirne versetzen«, sagte Thomas Mann 1942 über solche Leute.

Aber da sind doch die vielen anderen, die Menschen, die dem Judentum neutral gegenüberstehen oder ihm sogar freundschaftlich begegnen. Ihnen müssen wir nicht erzählen, dass die Shoah eine Zeit des Grauens war. Normale Menschen lehnen das Morden und Vertreiben ohnehin ab und sind anderen Gruppen der Gesellschaft gegenüber nicht feindlich gesinnt. Sie brauchen wir als Partner in der Abwehr heutiger Feinde. Wir sollten sie nicht ständig von uns stoßen.

Wenn wir jederzeit und ohne wirklichen Anlass »Pogrom« rufen, verspielen wir jedes Verständnis.

Machen wir in jeder Lage jeden harmlosen Kritiker mit dem billigen Argument mundtot, er sei ein Antisemit, spielen wir unseren Gegnern in die Hände. Denn dann ist dieser Vorwurf völlig beliebig und wir können ihn auch gegen unsere wirklichen Feinde nicht mehr verwenden. Die Keule schlägt in die Luft, wir rutschen aus und verlieren die Bodenhaftung. Besonders unfair ist es, wenn Juden bei wohlmeinenden Gruppen mit der Shoah argumentieren, um für sich selbst Vorteile zu erhalten. Das gibt es, wenn auch selten, und es ist im höchsten Maße unmoralisch.

Manche Journalisten verzichten inzwischen gänzlich darauf, über jüdische Themen zu schreiben. Jede kritische Analyse bringt sie in Gefahr, in eine Ecke gestellt zu werden, in die sie nicht gehören. So bleibt Kritik an manchen Juden ausgespart, die eine solche durchaus verdienten. Wir Juden als Gesamtheit berauben uns damit der Chance, eine Außensicht in unser System zu lassen und auf diese Weise Anregungen für sinnvolle Änderungen zu erhalten.

Ein dummer Jude muss dummer Jude genannt, ein jüdischer Gauner als solcher bezeichnet werden dürfen.

Erst wenn jeder uns Juden so behandelt, wie er das mit allen anderen Menschen in der Gesellschaft auch tut, als einzelne, je für sich verantwortliche Subjekte, ist die Diskriminierung überwunden. Juden haben es immer verstanden, klug und überlegt zu argumentieren. Schütteln wir die Opferrolle ab, fordern wir keine Sonderstellung, sondern wenden wir uns lieber unseren eigenen Stärken zu.

Eines aber werden wir nicht zulassen: Dass uns die wirklichen Gegner mit dem Argument einer »Antisemitismuskeule« das Wort nehmen. Wenn Antisemiten auftreten, werden wir sie benennen und uns von ihren »Nazikeulen« nicht beeindrucken lassen.

Der gemeinsame Feind und seine Funktion

Meine Mutter besaß vor Jahren ein kleines Häuschen in einem Erholungsgebiet in Wien und war dadurch Mitglied des dortigen Kleingartenvereins. Zweimal im Jahr trafen sich die Mitglieder im Vereinshaus, um die wirklich bedeutenden Angelegenheiten der kleinen Gärtner zu besprechen. Welcher Gauner hatte wieder einmal die Hecken nicht ordentlich geschnitten, welcher Rowdy seine Kinder zu laut spielen lassen und Ähnliches. Kurz bevor Wahlen zum Vorsitz des Vereins anstanden, gab es immer das gleiche Ritual. Der langjährig amtierende Obmann erzählte den meist alten Mitgliedern von einem Gerücht, das er dank seiner guten Beziehungen vorzeitig erfahren habe. Die Stadtverwaltung plane eine Umwidmung der Gartenflächen und die kleinen Schrebergartenbesitzer müssten daher fürchten, dass sie gekündigt und ihre Gärten vom Verpächter bald verkauft würden. Der gemeinsame Feind war geboren.

Er aber, beruhigte der Obmann, würde in den nächsten Tagen zum zuständigen Oberamtsrat eilen, den er persönlich gut kenne, und die Sache für sie alle in Ordnung bringen.

Der Mann gewann mit dieser Masche Jahr für Jahr die Wahlen, bis die Vereinsmitglieder entdeckten, dass er die ihm anvertrauten Gelder nicht auf das Rücklagenkonto eingezahlt, sondern es in die eigene Tasche gewirtschaftet hatte.

Auch andere versuchen es mit dieser Tour. Die Freiheitliche Partei Österreichs präsentiert vor jeder Wahl und auch zwischendurch gemeinsame Feinde, vor denen ausschließlich sie die Menschen retten könne. Türken, Marokkaner, Schwarzafrikaner, alle Arten von Muslimen und Fremde ganz im Allgemeinen müssen herhalten, um eine Schar von Ängstlichen und Zukurzgekommenen hinter sich zu vereinen.

Bei den Nationalratswahlen des Jahres 1999 ließ sich schon einmal mehr als ein Viertel der Österreicher auf diese Weise vereinnahmen. Sie hievten die Angstmacher in die Regierung und mussten erfahren, dass diese Leute so gar nicht das Wohl des Landes im Auge hatten.

Und was hat das mit uns Juden zu tun? Uns wird auch ein gemeinsamer, allmächtiger Feind geboten. Es sind die hinter jeder Ecke lauernden, gewaltigen Antisemiten. Diese Gruppe wird von den höchsten Repräsentanten der Kultusgemeinde größer geredet, als sie ohnehin laut der zitierten wissenschaftlichen Studie schon ist.

Jeder blöde Bursche, der dumme Parolen krakeelt, ohne zu wissen, was er da von sich gibt, wird zur großen Gefahr hochstilisiert und bei jeder Diskussion, sei es zur Beschneidung oder zu dümmlichen Ansagen rechter Politiker, wird die Shoah hervorgeholt. Wenn wir Juden alles ernst nehmen, was uns da an Idiotie vorgesetzt wird, enden wir in einer tiefen, lähmenden Depression.

Weil wir nach dieser Lesart ausschließlich von Gegnern umgeben sind, darf niemand aus unseren eigenen Reihen die Politik unserer höchsten Vertreter kritisieren oder auch nur offen besprechen. Wenn wir es dennoch tun, steht der Vorwurf im Raum, wir spielten den Feinden in die Hände.

So erstarren viele von uns in der Position der Opferschafe, die folgsam ihren Hirten nacheilen, damit sie nicht von den angeblichen Schlächtern geholt werden. Es gibt kaum Veränderung, keine Diskussionen, keine Kritik, keine Weiterentwicklung.

Die Chefs glauben allmählich, dass sie wirklich allmächtig sind und sich alles erlauben dürfen. Beschlüsse im obersten Gremium der Israelitischen Kultusgemeinde Österreichs, so komplex die Themen auch sein mögen, fallen fast durchwegs in rasanter Eile und einstimmig aus, wie in den Parlamenten stalinistischer Diktaturen. Was vorgelegt wird, müssen alle Kultusräte, auch jene der Opposition, ohne Diskussion abnicken, lautet die Devise der Herrschenden und fast alle verhalten sich tatsächlich in einer solch devoten Weise.

Einer der wichtigsten Repräsentanten der Wiener Kultusgemeinde sagte mir einmal, dass er manche gesetzliche Vorschriften einfach ignoriere, die ihm bei seiner beruflichen Tätigkeit im Wege stünden. Dumm sei, meinte er, wer das anders mache. Es ist evident, dass er sich das nur erlauben kann, weil die zuständigen staatlichen Kontrolleure Angst davor haben, von ihm des Antisemitismus geziehen zu werden. So nutzt der Mann seine Position als Vertreter der Juden, um sich Vorteile zu verschaffen.

Solche Vertreter des Judentums schaden der jüdischen Sache.

Sie werden immer wieder gewählt, die Obmänner der Kleingartenvereine, die Extremisten von rechts außen und die polternden Bosse von uns Juden, die Feinde sonder Zahl anbieten, damit wir armen Opfer uns auch ordentlich ängstigen. Wir dienen ihnen als nützliche Idioten, sie hingegen nützen uns genau gar nicht.

Opfer sind Verlierer

Wenn der fünfzehnjährige Nico und seine Freunde ins Wiener Museumsquartier zum »Chillen« gehen, begegnen ihnen auf der Mariahilfer Straße die jugendlichen Suchtabhängigen oder, wie sie zu den Verlorenen und Kranken sagen, »die Opfer«.

In den vergangenen etwa zehn Jahren ist der Begriff »Opfer« vor allem in der Jugendkultur zum Schimpfwort mutiert. Was früher Zuwendung und Mitgefühl hervorrief, verwenden die Kids jetzt zur Abwehr einer Identität, vor der sie sich selbst fürchten.

Niemand will in unserer Leistungsgesellschaft ein Opfer sein.

Umso mehr junge Menschen wegen der ökonomischen Krise massive Zukunftssorgen und Probleme bekommen, desto stärker entwickelt sich ihre Abwehr gegen diejenigen, die beanspruchen Opfer zu sein. Wir Juden werden, wenn wir denn in dieser Rolle verharren, keine Zuneigung ernten, sondern Ablehnung und Unverständnis.

Opfer sind langweilig

Wer findet schon jemanden interessant, der nur sein Leid thematisiert. Das erinnert eher an Gespräche im Krankenhaus denn an freudvolles Leben. Das braucht nicht länger ausgeführt zu werden, wenn wir in guter, jüdischer Tradition einen Witz heranziehen können: Zwei Kühe diskutieren auf ihrer Weide, mit wem sie am Abend ins Kino gehen wollen. Sagt die eine: »Nehmen wir wieder mal den Ochsen mit.« Da schüttelt die andere den Kopf und sagt: »Nein, mit dem ist es langweilig, der spricht ständig nur über seine Operation.«

Opfer haben keine Gegenwart und keine Zukunft

Wie können wir die Zeichen der Zeit verstehen, wenn wir das Heute ständig mit den Maßstäben des Gestern messen? Neue Generationen wachsen heran. Sie wissen nichts von der Shoah und wenn sie von ihr lernen, so ist das eine ebenso weit entfernte Geschichte, wie jene der Bauernkriege. Wir aber reden mit ihnen, als hätten sie nichts anderes zu tun, als sich das Leiden des jüdischen Volkes zu vergegenwärtigen und uns zu bedauern.

Mit jedem Jahr verlieren wir damit mehr und mehr den Bezug zur heutigen Realität. Wenn wir die Sichtweise des Opfers verlassen, können wir mit klarem Blick jene identifizieren, die uns heute übelwollen, und ihnen Einhalt gebieten. Wir sehen dann endlich auch die vielen Menschen, die uns mögen oder, das wird die Mehrheit sein, denen wir herzlich egal sind.

Was sollen Juden ihren Kindern schon weitergeben? Dass sie Opfer sind, und auch deren Kinder und Enkelkinder? Nein, wir wollen ihnen helfen selbstbewusste, furchtlose und starke Menschen zu werden. Die neue Devise lautet: »Pfeift auf die Opferrolle, zeigt der Welt, wo es langgeht.«

Opfer nerven

Eine moderne, städtische Gesellschaft besteht aus vielen unterschiedlichen Gruppen. Es sind Christen, Muslime, Juden und Buddhisten, Autofahrer, Radfahrer, Fußgänger, Anhänger vom FC Barcelona oder von Bayern München, Hundeliebhaber und Salsatänzer, Russen, Serben, Türken und Portugiesen und viele mehr. Eine einzige Gruppe fordert ständig eine Sonderrolle. »Wir sind Opfer«, ruft sie, »wir erwarten Mitleid und Verständnis.« Das muss mit der Zeit selbst ihren Freunden auf die Nerven gehen.

Juden, die sich ständig als Opfer gerieren, benehmen sich wie kleine Kinder, die auf den Tisch klettern und brüllen, wenn ihnen nicht genug Aufmerksamkeit geschenkt wird. Sie nerven.

Opfer verlieren an Bedeutung

Juden haben immer eine überragende Rolle in der Gesellschaft gespielt. Sie haben die Kultur und die Wissenschaft bereichert, sie haben als Ärzte bahnbrechende Entwicklungen vorangetrieben und sind bis heute, obwohl eine an Zahlen verschwindende Minderheit, in vielen gesellschaftlichen Bereichen präsent.

Solange sich viele aber als Opfer wähnen und damit in einer passiven Rolle verharren, werden sie an alte Größe nicht anschließen können. Über die Leistungen der Juden für die deutsche und österreichische Kultur wird noch zu reden sein, eines aber sei vorab festgehalten: Die Opferrolle beschädigt das Bild der Juden. Sie hindert uns selbst daran, aktiv und schöpferisch zu sein, wie es unserer Tradition entspricht.

Wenn wir Opfer sind, hat Hitler gewonnen

Ella, meine 1897 geborene Großmutter mütterlicherseits, wuchs als Kind streng religiöser Eltern in der heutigen Ukraine auf. Als sie alt genug war, arbeiten zu gehen, kam sie zu einer Tante in die Schneiderlehre. Gemeinsam wohnten sie jeweils mehrere Wochen in den Häusern reicher Leute, die ein großes Fest oder eine Hochzeit vorbereiteten, und schneiderten vor Ort die Kleider der Damen. Das Learning by Doing machte aus Großmutter sehr schnell eine vollwertige Schneiderin.

Als 1914 die russische Armee im Gefolge des Ersten Weltkriegs immer näher kam und sich vor allem die jungen Frauen vor Übergriffen fürchten mussten, packte Ella kurz entschlossen ihre Habseligkeiten und flüchtete über Ungarn nach Wien. Hier kam sie vorerst als Hausmädchen bei einem Rabbiner unter. Als dieser eines Tages zwei arme jüdische Bettler von seiner Tür wies und ihnen eine warme Suppe verweigerte, empörte das die widerständige junge Frau derart, dass sie ihrer Religion abschwor. Eine Sensation für eine jüdische Frau, die in einem orthodoxen Elternhaus erzogen worden war und die eben erst aus der Enge des Schtetls, einer der für den Osten Europas typischen kleinen Siedlungen mit nahezu ausschließlich jüdischer Bevölkerung, in die weltoffene Großstadt gekommen war.

Diese Klarheit und Eindeutigkeit im Handeln rettete ihr später das Leben. Ella begann wenige Jahre nach ihrer Ankunft in Wien damit, wieder als Schneiderin zu arbeiten. Sie brachte es bis zu Beginn des Jahres 1938 zu einer eigenen Werkstatt mit mehr als zwanzig Mitarbeiterinnen. Unmittelbar nach dem »Anschluss« ließ sie alles, was sie sich mit Fleiß, Geschicklichkeit und Intelligenz aufgebaut hatte, liegen und floh mit ihren Kindern nach England. Dort baute sie sich später mit dem Schneiderhandwerk erneut eine Existenz auf.

In einem jüdischen Witz heißt es: »Warum gibt es mehr jüdische Fiedler als Pianisten?« Die Antwort lautet: »Weil es sich mit einer Geige leichter emigrieren lässt als mit einem Klavier.« Wie sich zeigt, sind auch Faden und Zwirn höchst geeignete Instrumente.

Meine Großmutter starb 92-jährig in London im Kreise ihrer Familie als Siegerin über all jene, die ihr ans Leben gewollt hatten. Sie hatte überlebt. Hitler und seine engsten Vertrauten moderten da schon seit Jahrzehnten im Führerbunker.

Sie hätte nicht verstanden, dass wir uns als Opfer darstellen. Sie blickte nach vorne und kämpfte. Wir sind es ihrem Andenken und dem vieler anderer Siegerinnen und Sieger, aber in gleichem Maße auch den vielen tragisch ums Leben gekommenen tatsächlichen Opfern schuldig, dass nicht wir, die Nachgeborenen, eine solche Rolle einnehmen.

Die neuen Opfer

Es treten in jüngster Zeit verschiedene Gruppierungen auf, die danach drängen, die Opferrolle zu übernehmen.

Wie immer waren die Deutschen auch in dieser Frage weit vor den Österreichern. Im Sommer 2008 verglich Faruk Şen, der Leiter des »Zentrums für Türkeistudien« in Nordrhein-Westfalen, die Lage der türkischen Migranten in Deutschland mit der Judenverfolgung in der Nazizeit. Da lässt sich nur sagen: »Beides probiert, kein Vergleich.«

Herr Şen wurde sogleich zu einem echten Opfer, musste er doch seinen Posten wegen anhaltender Proteste aufgeben. Da half ihm dann auch nicht, dass ihn hochrangige deutsche Politiker als honorigen Mann beschrieben, der keineswegs die Shoah zu leugnen oder zu verniedlichen beabsichtigte. In Österreich wäre dieser Mann mit Sicherheit immer noch hochgeachtet in seinem Job.

Hierzulande ist es Heinz-Christian Strache, der Chef der Freiheitlichen Partei Österreichs, der an den Opfertrog drängt. Als anlässlich eines Balls von rechtsextremen Burschenschaftern in der Wiener Hofburg im Februar 2012 einige Gäste auf der Straße von Demonstranten beschimpft und angeblich auch geschubst wurden, sagte der Meister des Niedermachens politischer Gegner in eigener Sache ganz wehleidig, dass die Ereignisse ihn an die »Reichskristallnacht« erinnerten und seine Glaubensbrüder und -schwestern die neuen Juden wären.

Der Mann will unser Mitleid. Er und seine Parteifreunde plakatieren gnadenlos dumme Sätze wie »Daham statt Islam«, erfinden »Marokkaner-Diebe«, dichten verwegen »Pummerin statt Muezzin« und behaupten bei jeder Gelegenheit, dass die »Heimat« gefährdet sei. Ihn selbst sollen wir aber nicht kritisieren.

Da wir wissen, welche Tücken die Opferrolle hat, sollten wir sie Herrn Strache und seinem Personal durchaus überlassen. Wer nimmt denn schon einen Rechtspolitiker ernst, der bei jeder Gelegenheit jammert und sich unentwegt als armes Opfer darstellt.

Völlig absurd reagierte Ariel Muzicant, der damalige Präsident der Kultusgemeinde, auf diesen lächerlichen Vergleich. Der stets aufgeregte Vertreter des offiziellen Judentums verwendete sein liebstes Argument: »Das ist eine Verharmlosung der NS-Verbrechen und damit Wiederbetätigung.«

Wer soll denn uns Juden ernst nehmen, wenn unsere höchsten Vertreter das lächerlichste Statement eines selber ständig am Rande der Lächerlichkeit dahinschrammenden Politikers reflexartig mit der Shoah in Verbindung bringen? Wie bezeichnen wir dann echte, manifeste Wiederbetätigung, wenn das Argument schon durch solche Kindereien abgenutzt und beschädigt wurde?

Dem amerikanischen Schauspieler Sam Levinson wird ein Satz zugeschrieben, der gut als Empfehlung für den wehleidigen Heinz-Christian Strache geeignet gewesen wäre, den wir aber für diesen Fall auch dem früheren Präsidenten und heutigen Strippenzieher der Kultusgemeinde zudenken können: »Es ist so einfach, weise zu sein. Denken Sie sich einen dummen Sager aus und dann sagen Sie ihn einfach nicht.«

Wo Opfer, da auch Täter

Wenn wir heute lebenden Juden uns weiterhin als Opfer darstellen, muss es im Umkehrschluss auch Täter geben. Oder anders gesagt, wir produzieren einen unauflösbaren Gegensatz, wenn wir auf unserer Position bestehen.

Dazu will ich vom Londoner Fußballklub Tottenham erzählen. In der Nähe des Stadions lebten früher viele Juden, was dazu führte, dass die Gegner des Vereins dessen Fans mit antijüdischen Gesängen verhöhnten. Diese hatten nur eine Chance, sich zu wehren. Sie nahmen die ihnen zugewiesene Rolle an und entrollten fortan auf der Tribüne Fahnen mit dem Davidstern. Als der deutsche Starstürmer Jürgen Klinsmann, heute Trainer der US-Nationalmannschaft, als Spieler zu Tottenham wechselte, dichteten die Fans für ihn ein Ehrenlied: »Chimchiminee, Chim-chiminee, Chim-chim-churoo – Jürgen was a German, but now he's a Jew.«

Wenn wir uns also als Opfer darstellen, weisen wir auch völlig harmlosen, wohlmeinenden Menschen eine Täterrolle zu. Das birgt das Risiko, dass manche von ihnen schlussendlich genau so eine Trotzreaktion zeigen, wie die oben beschriebene. Wir sollten keine Antisemiten produzieren, es gibt ohnehin genug von ihnen.

> *Heute in Deutschland und Österreich lebende Menschen sind nicht die Täter von damals und es steht uns nicht zu, sie in eine solche Rolle zu drängen. Das ist gleichermaßen unfair und kontraproduktiv.*

Die Shoah ist kein Argument mehr

Ja, die systematische Ausrottung der Juden und anderer missliebiger Gruppen war ein einmaliges, weil industriell geplantes, von den zwei »Kulturvölkern« Deutschland und Österreich verübtes Massenverbrechen.

Diesen Satz muss auch ein Jude schreiben, um nicht von Kritikern aus den eigenen Reihen der Verharmlosung der Ereignisse geziehen zu werden. Das kann sich auch einer wie ich nicht ersparen, der viele Familienmitglieder nie kennengelernt hat, weil sie von der SS in Auschwitz und Theresienstadt und von der Wehrmacht an unbekannten Orten des Ostens ermordet wurden. Der Reflex der Aufregung ist bei vielen Juden so stark, dass er den klaren Blick darauf verstellt, mit wem sie es zu tun haben, wer aus welchen Motiven argumentiert. Neben jenen, die aus ideologischen Gründen die Shoah verniedlichen oder gar leugnen wollten, trugen später vor allem manche Dauerempörte und Alarmisten aus unseren eigenen Reihen zu einer Beliebigkeit dieses Themas bei. Dabei lernten wir schon als Kinder: Wer ständig ruft »Der Wolf kommt«, dem glaubt keiner mehr, wenn er dann wirklich erscheint.

Rudi Wein, ein bekanntes Wiener Original, der als jüdisches Waisenkind der Ermordung durch die Nazis nur dank der Hilfe von katholischen Schwestern knapp entkommen war, pflegte, wenn er beim Schnapsen verlor, die Karten auf den Tisch zu werfen und auszurufen: »Pogrom!« Im Gegensatz zu den stets Entrüsteten lachte er allerdings dazu und beanspruchte nicht, dass ihn seine Spielpartner beim nächsten Mal aus Mitleid gewinnen lassen müssten.

Als im Sommer 2012 eine Diskussion über die Beschneidung losbrach, zeigte der frühere Vorsitzende und jetzige Ehrenpräsident der Israelitischen Kultusgemeinde Österreichs eindrucksvoll, wie es geht, sich jedes Argumentieren zu ersparen und stattdessen nur wild hinzuschlagen. Ariel Muzicant meinte gegenüber einer Zeitung, ein Verbot der Beschneidung »wäre dem Versuch einer neuerlichen Shoah, einer Vernichtung des jüdischen Volks, gleichzusetzen – nur diesmal mit geistigen Mitteln.«

Wumm, da war sie wieder, die Shoah. Höret Leute, wir Juden sind die ewigen Opfer und ihr habt zu schweigen und in Andacht zu versinken.

Muzicants Vergleich war abenteuerlich und symptomatisch zugleich. Abenteuerlich, weil er damit einen weiteren Schritt in die Richtung setzte, das Argument Shoah der völligen Beliebigkeit auszuliefern. Was soll arg an einem Ereignis sein, wenn es genauso viel zählt wie eine Sommerdiskussion über das Entfernen der Vorhaut?

Symptomatisch war der Vergleich für einen Repräsentanten des Judentums, der seine Position als »Opfervertreter« dazu benutzt, stets nach vorne zu drängen und sich in den Mittelpunkt zu stellen.

Wenn die Muzicants dieser Welt »Shoah« rufen oder auch nur andeuten, wagt kein anständiger Mensch mehr zu widersprechen, weil er fürchten muss, von den obersten Opferrollenverwaltern des Antisemitismus bezichtigt zu werden.

Auf diese Karte setzt offenbar auch der Banker Julius Meinl, ein Mann, der sich in den Medien die Behauptung gefallen lassen musste, dass seine Geschäftspraktiken viele Menschen, darunter auch eine Reihe von Juden, um ihr sauer verdientes Geld gebracht hätten. Hier hat wohl der Satz zu stehen, der uns in letzter Zeit in Österreich so oft begegnet: Es gilt die Unschuldsvermutung.

Während unbeteiligte Beobachter einen Skandal in den unerträglich lange andauernden Untersuchungen des österreichischen Rechtssystems sehen, beklagt laut Medienberichten Meinls Anwalt in einem Brief an das britische Außenministerium angeblich, dass sein Mandant von der Justiz wegen seines »jüdischen Familienhintergrunds« gegängelt werde. Das ließe sich dann unter dem Begriff »Chuzpe« einordnen, eine Frechheit, die nichts anderes will, als Sonderrechte einzufordern.

Was aber geschieht, wenn unsere höchsten Vertreter Kritikern das Gespräch ständig mit dem Wort »Pogrom« abschneiden? Erstens entbindet sie diese Art von Diskussionsverweigerung der Herausforderung, ihre Argumente zu formulieren und in den Diskurs einzubringen. So überlassen sie das Feld der Argumentation den Gegnern ganz alleine. Zweitens macht eine solch extensive Auslegung der Opferrolle auch alle jene mundtot, die gar nichts gegen Juden haben, aber eben mal in einer konkreten Frage anderer Meinung sind als sie.

Welcher anständige Mensch will sich schon an einer Diskussion beteiligen, bei der ihm im Falle des Widerspruchs zur jüdischen Position sofort der Antisemitismusvorwurf um die Ohren fliegt, oder noch klarer, eine verbale Keule an den Kopf geschlagen wird.

In dieses Bild passt auch, was mir ein Mitarbeiter einer Förderstelle für Kunstprojekte berichtete. Er habe Angst davor, Anträge von Juden mit eben solcher professioneller Gewissenhaftigkeit zu hinterfragen, wie er das bei denen anderer Bewerber auch tue und zu der er als Verwalter öffentlicher Gelder auch verpflichtet ist. Obwohl er alle gleichbehandle, unterstellen ihm einige jüdische Antragsteller vollkommen grundlos, sie würden ihrer Herkunft wegen diskriminiert. Der untadelige Mann wird einem Vorwurf ausgesetzt, den er nicht verdient und der in ihm große Bitterkeit hervorruft.

Die Opferrollenbenützer sind ungerecht, sie überlassen in Diskussionen den Gegnern der Juden das argumentative Feld, vergraulen unsere Freunde, und zurück bleibt nur Unverständnis und so manche in der Hosentasche geballte Faust.

Kritik an Israel

Immer wieder flammt die Diskussion darüber auf, ob Israel-Kritik gleichbedeutend mit Antisemitismus sei. Sie wird von allen Seiten mit großer Leidenschaft geführt und steht einer Bearbeitung nur dann offen, wenn wir Juden uns die Motive der verschiedenen Gruppen verständlich machen. Zur gleichen Zeit aber fordern wir von den Israel-Kritikern, dass sie gleichermaßen die Position der deutschen und österreichischen Juden zu dieser Frage reflektieren.

Viele von uns haben Verwandte in Israel, zum Teil auch, weil ihre Kinder dorthin ausgewandert sind, um ihr Jüdischsein besser leben zu können. Daraus ergibt sich eine starke emotionale Bindung und Sorge um das Land. Der Sohn eines meiner Freunde betreibt seit einiger Zeit ein Geschäft in Eilat. 150 Meter davon entfernt schlugen vor kurzer Zeit von Terroristen abgefeuerte Raketen ein. Für den Vater steht wahrlich nicht im Vordergrund, über die Fehler Israels zu diskutieren. Wer um seine Kinder fürchtet, trifft ungern Abwägungen über das angebliche Recht, Raketen abzuschießen.

Auch ich musste lernen, wie schwierig es ist, Politik in einem von Feinden umgebenen Land so zu besprechen, wie wir das im friedlichen Europa tun. Ein israelischer Freund meiner Familie reagierte einmal überaus empört, als ich meinte, die Art, wie sein Land mit den Palästinensern umginge, wäre verbesserungswürdig. »Was mischt du dich da ein«, war seine Antwort. »Ich bin im Schützengraben gelegen und mir sind die Kugeln der Araber um die Ohren geflogen, also halte dich da raus. Du hast keine Ahnung.«

Wieder andere von uns, die in keiner direkten Verbindung zu Israel stehen, den Zionismus vielleicht sogar ablehnen, tragen im Hinterkopf die Überlegung, dass es Sicherheit bedeutet, wenn es ein solches Land der Juden gibt, in das sie flüchten könnten, wenn in Europa etwas passierte. So tief steckt die von den Vorfahren übertragene Erinnerung an die Shoah dann doch noch in den meisten von uns. Es gibt also eine Affinität zu Israel, die allzu radikale Kritik nicht zulässt.

Blicken wir jetzt auf die andere Seite, auf jene, die reklamiert, Israel kritisieren zu dürfen, ohne gleich als Antisemit diffamiert zu werden.

Wir Juden müssen respektieren, dass viele wohlmeinende Menschen aus Sorge um die Entwicklung von Israel als der einzigen Demokratie der Region argumentieren. Sie kritisieren gerade deshalb, weil sie viel von diesem Land erwarten, weil es ihnen Symbol für die Hoffnung ist, dass im Nahen Osten Wohlstand und mit Europa vergleichbare politische Standards entstehen könnten.

Ihre Kritik gilt einem Land, in das sie hohe Erwartungen setzen. Die Argumente können richtig oder falsch sein, allzu oft sind sie von mangelnder Kenntnis der Lage im Nahen Osten bestimmt, immer verdienen sie aber sachliche, argumentative Würdigung von unserer Seite.

Wir Juden müssen verstehen, welche Empörung es bei Menschen auslöst, wenn wir ihnen das faire Gespräch über Israel verweigern oder sie in eine Ecke stellen, in die sie nicht gehören. Darüber hinaus berauben wir uns der Chance, die Sache Israels zu erläutern und Verständnis für seine Positionen zu erwirken. Wer seiner Sache dienen will, muss erklären und überzeugen.

Dann gibt es da eine weitere Gruppe, die uns tatsächlich Böses will.

Es leben in Deutschland und Österreich mittlerweile viele Muslime, darunter auch einige wenige, die bei Demonstrationen ganz offen den »Tod Israels« fordern und so gar nicht mit uns diskutieren wollen. Bei einer Demonstration in Deutschland, die gegen die israelische Politik gerichtet war, hielten Teilnehmer Plakate mit der Aufschrift »Ich bin Antisemit und das ist gut so« in die Höhe. Bei solchen Menschen können wir mit den besten Argumenten nichts erreichen. Sie sind irregeleitet, aber wir Juden werden sie nicht auf einen vernünftigen Weg bringen. Die meisten Muslime richten sich zwar gegen solche Auswüchse, sie müssten aber wohl mehr Energie aufwenden, um überzeugend auf ihre Glaubensbrüder einzuwirken. Hier sind die offiziellen Vertreter der Muslime in Deutschland und Österreich gefordert.

Schließlich finden wir Menschen aus der Mehrheitsgesellschaft, die ihren antisemitischen Reflex nach dem Motto »Das muss doch wohl erlaubt sein« durch Israel-Kritik ausleben. Sie sind es nicht wert, dass wir uns echauffieren. Allerdings sollten wir auch ihnen unsere Argumente unterbreiten, heißt es doch im alten Testament: »Die Weisheit ist schöner als die Sonne, sie übertrifft jedes Sternenbild. Sie strahlt heller als Licht, das auf die Nacht folgt. Über die Weisheit kann keine Bosheit siegen.«

Am Beispiel der Israel-Kritik von Günter Grass und der darauf folgenden Reaktionen können wir sehen, wie falsche und richtige jüdische Reaktionen nahe beieinanderliegen. Der deutsche Schriftsteller und Nobelpreisträger, der viel zur Aufarbeitung der Geschichte des Nationalsozialismus geleistet hat, überraschte die Welt im Jahr 2006 mit einem Outing. Er habe als Siebzehnjähriger bei der Waffen-SS gedient. Manche meinten damals, Grass möge den Nobelpreis zurückgeben. Andere lobten den alten Mann für seine mutige Offenheit.

Im April 2012 veröffentlichte Günter Grass das Gedicht »Was gesagt werden muss«, in dem er Israel frontal angriff. Während im Machtbereich des Iran der Bau einer Atombombe lediglich vermutet würde, so Grass, verfüge Israel über ein geheim gehaltenes, unkontrolliertes atomares Potenzial. Nicht der Iran, ließ sich daraus schließen, sondern Israel stelle die wirkliche Gefahr dar. Grass wurde daraufhin von hohen Regierungsmitgliedern Israels in völlig unangemessener Schärfe kritisiert. Den Argumenten des alten Mannes wäre leicht zu widersprechen gewesen. Israel ist ein demokratisch organisiertes Land, das vom Iran offen bedroht wird und sich schützen muss. Seine Feinde hingegen sind autoritäre Führer, die sich weder von ihrem Volk noch von der internationalen Staatengemeinschaft kontrollieren lassen. So weit zum sachlichen Inhalt.

Aber die Reaktion fiel anders aus. Die israelische Zeitung Ha'aretz titelte »Israel hat mit Hysterie auf Günter Grass reagiert« und berichtete über den israelischen Innenminister, der ein Einreiseverbot für den Schriftsteller ausgesprochen hatte. Später ruderte der Minister wegen Kritik an seiner überzogenen Reaktion zurück. »Herr Grass hat die Uniform der SS getragen, deshalb ist er in Israel nicht mehr willkommen«, sagte er. Wie wir es auch drehen und wenden, zu viel negative Ehre für ein Gedicht, das sich schlicht ignorieren ließe.

Wie es geht, wenn wir Juden klug und mit Humor reagieren, zeigte ein Sprecher der israelischen Regierung bei der nächsten Auflage einer Grass'schen Provokation. Im Gedichtband »Eintagsfliegen« von September 2012 würdigte der Schriftsteller den in Israel zu achtzehn Jahren Haft verurteilten Nukleartechniker Mordechai Vanunu, der das geheime Atomprogramm Israels vor der Weltöffentlichkeit publik gemacht hatte, als Helden. Der israelische Sprecher meinte dazu augenzwinkernd, dass Grass' neues Werk sicherlich kein Schiller und kein Rilke sei, aber dass es angesichts der früheren Ansichten von Grass' immerhin erfrischend wäre, dass zumindest ein Israeli, nämlich Mordechai Vanunu, Gnade vor seinen Augen fände.

Ein Gedanke am Schluss: Wie würden die acht Millionen Österreicher sich fühlen, wären sie rundum von nichtdemokratisch organisierten Ländern mit einer Gesamtbevölkerung von 300 Millionen Menschen umgeben, deren Anführer lautstark bei jeder sich bietenden Gelegenheit »Tod allen Österreichern« proklamierten. Es leben in Israel nicht mehr Menschen als im Alpenland und sie sind tagtäglich vom Untergang bedroht. Da kann schon mitunter ein Diskussionsbeitrag von Juden heftiger ausfallen, als es die reine Vernunft erfordern würde.

Die Juden und ihre Erfolge

Wer nach der Shoah nach Deutschland oder Österreich zurückkam, hatte wirkliches, fundamentales Leid zu beklagen. Jede Familie weinte um Eltern, Kinder, Schwestern, Brüder. Manche Juden standen völlig alleine in der Welt. Sie hatten alle und alles verloren. Viele wollten in diesen beiden Ländern nicht mehr leben. Sie konnten die Schatten der Vergangenheit in ihren Emigrationsländern schneller vergessen, sich in die dortige Gesellschaft integrieren und wieder zu Leistungsträgern und anerkannten Bürgern werden. Es waren nicht ihre Heimatländer, aber sie gaben ihnen nach 1945 mehr Anerkennung und Unterstützung, als ihnen in Deutschland oder Österreich zugewendet worden wäre.

Weil in den beiden Ländern der Täter, hier vor allem in Österreich, aber auch in der damaligen DDR, das Schweigen so lange währte und die Aufarbeitung so spät einsetzte, dauerte es Jahrzehnte, bis hier wieder kreatives jüdisches Leben entstehen konnte.

Inzwischen hat beispielsweise Elfriede Jelinek Österreich zu seinem ersten Literaturnobelpreis verholfen. Mit zwölf weiteren Nobelpreisen, die nach 1945 an Juden mit österreichischen Wurzeln verliehen wurden, kann sich das Land allerdings nicht schmücken. Diese Wissenschaftler, unter ihnen Max Ferdinand Perutz, Walter Kohn oder Eric Kandel, wurden nach 1938 aus ihrer Heimat vertrieben. Dasselbe gilt für Deutschland. Eine Reihe von Nobelpreisträgern musste das Land nach Hitlers Machtergreifung verlassen und kam anderswo zu Ehren, darunter Konrad Emil Bloch, Max Born oder Albert Einstein.

Mittlerweile gibt es in den beiden Ländern wieder einige wenige bedeutende jüdische Kulturschaffende. Aber es könnten mehr sein, wenn wir uns wieder zu unserer echten Größe erhöben, statt in der Opferrolle zu verharren.

Werfen wir noch einen weiteren Blick darauf, welche Leistungen Juden in der Vergangenheit erbracht haben und welche Leistungen heutige Juden vollbringen. Hier sei nur eine subjektive und nicht immer ernst gemeinte Auswahl getroffen. Sie soll ein Hinweis darauf sein, zu welchen fabelhaften Leistungen Juden imstande waren und sind.

Die Erfolgreichsten

Im Match der publikumswirksamsten Juden um die weltweit meisten Anhänger führt derzeit Karl Marx, der alleine in China 1,3 Milliarden Menschen hinter sich vereint. Ob er alles wirklich so wollte, was in seinem Namen an Politik verbrochen wurde und wird, lässt sich bezweifeln, ebenso, ob alle Chinesen ihn wirklich lieben. Der Mann aus Trier beeinflusste aber jedenfalls die Welt ziemlich massiv. Auch seine Analysen der kapitalistischen Wirtschaft lesen sich heute wieder sehr aktuell.

An zweiter Stelle mit rund 1,2 Milliarden Anhängern folgt Jesus. Weil er ausschließlich gute Taten verrichtete, verdrängen die Christen gerne, dass er Jude war. Wir aber halten hier fest, dass Jesus eindeutig von einer jiddischen Mamme erzogen wurde. Wir sind stolz auf ihn.

An dritter Stelle mit guten Chancen, noch weiter nach vorne zu kommen, hat sich Mark Zuckerberg positioniert. »Facebook« zählt angeblich bereits knapp eine Milliarde Mitglieder.

Nur vermuten lässt sich, dass Levi Strauss ganz vorne im Ranking einzuordnen ist. Es gibt keine veröffentlichten Zahlen darüber, wie viele der von ihm eingeführten Jeans seit dem 19. Jahrhundert verkauft wurden. Ich selber besitze derzeit drei und es gibt Milliarden Menschen wie mich.

Selbst Irving Berlin steht weit oben in unserer Liste. Er hat 1947 das Lied »White Christmas« komponiert, das laut Wikipedia mit fünfzig Millionen Stück die meistverkaufte Single aller Zeiten ist. Gesungen wurde es mittlerweile sicher mehr als eine Milliarde Mal. Daher gehört auch Irving unbedingt in unseren Klub der erfolgreichsten Juden.

Auch Fanny von Arnstein muss zu Recht erwähnt werden. Sie führte im 19. Jahrhundert in ihrem Haus auf dem Wiener Hohen Markt einen literarischen Salon und stellte dort im Jahr 1814 den ersten historisch bezeugten

Weihnachtsbaum Wiens auf. Inzwischen sind viele solcher Bäume aus den Wäldern in die guten Stuben der Österreicher gewandert, ohne dass die meisten von ihnen wissen, dass sie den Brauch einer Jüdin zu verdanken haben. Das Jesuskind in der Krippe, die Idee des Weihnachtsbaums – überall haben die Juden ihre Hand im Spiel.

Weitere Promis folgen mit großem Abstand, haben aber auch viele Fans. Ich erwähne nur Barbra Streisand, Bob Dylan, Dustin Hoffman, die Marx Brothers oder Woody Allen. Nicht zu vergessen meinen speziellen Liebling Mel Blanc, den »Mann der tausend Stimmen«, der dem Schweinchen Schlau, Barney Geröllheimer von den Feuersteins, Woody Woodpecker, Speedy Gonzales und vielen anderen Zeichentrickstars seine Stimme lieh.

Die Nobelpreisträger

Es gab in der Geschichte des Nobelpreises bisher nicht weniger als 185 erfolgreiche Juden. Da kann es einen schon belustigen, wenn rechte Blogger, aus Feigheit stets unter Decknamen, diese Zahlen wegargumentieren wollen. Da heißt es dann beispielsweise, dass das Nobelpreiskomitee ausschließlich aus Juden bestünde. Wenn das die Schweden wüssten. Jedenfalls ist es echt nett, wenn sich die dummen Rechten so richtig darüber ärgern, dass wir uneinholbar in Führung liegen. Endlich wissen wir auch, wem Albert Einstein so schön die Zunge zeigte.

Eben jener Albert Einstein, der einst prophetisch sagte: »Wenn ich mit meiner Relativitätstheorie recht behalte, werden die Deutschen sagen, ich sei Deutscher, und die Franzosen, ich sei Weltbürger. Erweist sich meine Theorie als falsch, werden die Franzosen sagen, ich sei Deutscher, und die Deutschen, ich sei Jude.« In der Tat wird er heute in Wikipedia als deutscher Nobelpreisträger geführt. Da hat ihm auch nicht geholfen, dass er nach der Machtergreifung Adolf Hitlers seine Staatsbürgerschaft zurücklegte.

Komponisten, Filmemacher, Mediziner, Schachmeister – eine Auswahl

Die Liste der jüdischen Komponisten ist zu lang, um sie alle aufzuzählen. Gustav Mahler, Felix Mendelssohn Bartholdy, Jacques Offenbach, Arnold Schönberg, Otto Klemperer, Leonard Bernstein, Kurt Weill oder György Ligeti sind nur einige Namen, die als Beispiele stehen. Zugegeben, Beethoven und Mozart gehören nicht dazu.

In Wien, der Stadt der Musik, hatten Juden einen besonderen Einfluss. Wenn die Einheimischen beim Heurigen die Musikanten aufspielen lassen, handelt es sich zumeist um Lieder, die von einem Juden getextet und von einem anderen Juden komponiert wurden.

So hat etwa Hermann Leopoldi, der mit jüdischem Namen Hersch Kohn hieß, den Wienern viele Lieder geschenkt. Dass er dennoch von seinen Landsleuten aus dem »Kleinen Café in Hernals« ins KZ verschleppt wurde und schließlich nur durch Emigration sein Leben retten konnte, wollen wir hier, ganz im Sinne der Aufgabe der Opferrolle, nicht weiter breittreten.

Sein Freund, der große Dichter und Liederschreiber Fritz Löhner-Beda, war noch im Konzentrationslager ein tragischer Optimist. In seinem »Buchenwaldlied«, das er gemeinsam mit Hermann Leopoldi verfasste, heißt es: »O Buchenwald, ich kann dich nicht vergessen, weil du mein Schicksal bist. Wer dich verließ, der kann es erst ermessen, wie wundervoll die Freiheit ist! O Buchenwald, wir jammern nicht und klagen, und was auch unser Schicksal sei, wir wollen trotzdem Ja zum Leben sagen, denn einmal kommt der Tag, dann sind wir frei!«

Löhner-Beda konnte der Mordmaschinerie nicht entkommen. Ist es nicht eine Anmaßung, wenn sich dann Nachgeborene heute als Opfer darstellen?

Marlon Brando sagte vor vielen Jahren in der Talkshow »Larry King«: »Hollywood wird von Juden betrieben. Es ist im Besitz von Juden.« Das lesen wir voll Stolz. Ist Hollywood doch eindeutig eine Erfolgsgeschichte. Antisemiten jedoch machen daraus einen Vorwurf gegen uns Juden und sehen ihre krausen Verschwörungstheorien bestätigt.

Als das Jüdische Museum in Wien vor Kurzem eine Ausstellung über die Traumfabrik zeigte, stellte sich heraus, dass alles noch viel ärger ist. Hollywood ist nicht nur fest in jüdischer Hand, es wurde auch von Juden gegründet. So ist die ganze Glitzerwelt jüdisch geworden. All die großen Filme, ob Abenteuer, Science-Fiction, Western und Thriller, Komödien und Tragödien, »E.T.«, »Indiana Jones«, die Avatare – alles, alles Juden.

Das Blut, auch das angeblich so edle deutsche, konnte erst nach der Entdeckung der Blutgruppen und ihrer Bedeutung für die Transfusion übertragen werden. Herausgefunden hat das der in Wien geborene Karl Landsteiner, einer der wenigen Nobelpreisträger Österreichs, der allerdings bereits 1922 in die USA ging und die dortige Staatsbürgerschaft annahm.

In Österreich zierte sein Kopf den Tausend-Schilling-Schein. Das soll aber angeblich nicht der einzige Grund gewesen sein, warum das Land auf den Euro umgestiegen ist.

Ein anderer großer Österreicher war Sigmund Freud, der die Psychoanalyse begründet hat. Nach der Machtübernahme der Nationalsozialisten in Österreich wurden bis auf eine Ausnahme sämtliche Mitglieder der Wiener Psychoanalytischen Vereinigung verfolgt, weil sie allesamt Juden waren. Viele wurden getötet, einigen gelang die Flucht. Der große Freud konnte das Land im Juni 1938 verlassen, nachdem er »Reichsfluchtsteuer« bezahlt und eine Erklärung unterschrieben hatte, dass er von der Geheimen Staatspolizei (Gestapo) gut behandelt worden sei. Er fügte dieser Erklärung den Satz hinzu: »Ich kann die Gestapo jedermann aufs beste empfehlen.«

Sechs der fünfzehn bisherigen Weltmeister im Schach und eine Reihe von Herausforderern waren Juden. Die deutsche Zeitung »taz« befasste sich im Jahr 2006 unter dem Titel »Haben die aschkenasischen Juden ein Intelligenz-Gen?« mit dem Phänomen der erfolgreichen Juden. Sie schrieb, dass 54 Prozent aller Schachweltmeister mindestens einen jüdischen Elternteil hätten. Aus ihren Reihen kämen 25 Prozent der amerikanischen Literaturnobelpreisträger und 40 Prozent der Nobelpreisträger in Naturwissenschaft und Ökonomie. All das, obwohl Juden nur 3 Prozent der amerikanischen Bevölkerung stellten.

Hier sollte ich wohl erwähnen, dass nicht alle Juden gut Schach spielen können. Ich kann gerade einmal die Figuren auf ihren richtigen Startplatz stellen.

Und die vielen anderen ...

Der Platz reicht nicht, um alle Juden aufzuzählen, die uns heute als Vorbild dienen können. Das Volk des Wortes hat vor der Shoah und auch danach wieder große Literaten hervorgebracht, dazu bildende Künstler, Natur- und Geisteswissenschaftler sonder Zahl.

Wir sind die Erben großer Frauen und Männer. Wir sind eine starke Gruppe, die weit über ihre zahlenmäßige Bedeutung der Welt geistige Werte schenken kann.

Unser Erfolgspotenzial

Würden wir die Opferrolle ablegen, hätten wir als Gemeinschaft trotz unserer geringen Zahl noch immer ein besonderes Potenzial, Großes zu leisten. Damit will ich aber nicht behaupten, dass es ein »Juden-Gen« gibt. Nein, so etwas existiert nicht. Alles, was Juden in der Vergangenheit und in der Gegenwart an Positivem geleistet haben, resultiert wie bei allen anderen Menschen aus einer Mischung von Fleiß, Bildung, Wissen, Ehrgeiz, Kreativität und was sonst noch an Fähigkeiten für den Erfolg wichtig ist.

Es lassen sich aber verschiedene Gründe für jüdische Erfolge anführen, die aus der ganz spezifischen Geschichte der Juden erklärbar sind.

Erstens. Die jüdische Religion erfordert das Studium einer komplexen Lehre, die in den alten Büchern der Vorväter geschrieben steht. Daher mussten Juden seit Anbeginn immer lernen und nachdenken. Das haben dann auch jüdische Familien als Wert beibehalten, die sich von der Religion abgewandt haben.

Die Kinder studieren, nach Wissen streben zu lassen, ist eine jüdische Pflicht.

Arme jüdische Familien sind bereit alle Entbehrungen auf sich zu nehmen, um ihren Kindern Schul- und Universitätsbildung zu ermöglichen, und die Gemeinschaft unterstützt sie dabei.

Natalie Portman, eine wunderschöne Jüdin, die für ihre Rolle in »Black Swan« den Oscar bekommen hat, sagte einmal in einem Interview: »Ich bin relativ schüchtern.

Meine Eltern haben immer gut auf mich aufgepasst. Gute Noten waren für sie das Wichtigste. Wenn ich in einem Test 97 Punkte hatte, hieß es: ›Warum hast du denn nicht 100 geschafft?‹«

Zweitens. Seit es sie gibt wurden Juden immer wieder verfolgt und vertrieben. Sie mussten von einem Land in das nächste wandern, waren dort gezwungen neue Regeln zu lernen, sich geänderten Gegebenheiten anzupassen und hatten sich in wechselnden Gesellschaften als Minderheit zu beweisen und zu bewähren. Das hat sie flexibel gemacht und ihnen einen breiten geistigen Horizont verschafft.

Drittens. Schließlich ist die jüdische Religion von einem nie endenden Diskurs gekennzeichnet. Es gibt zu jeder Passage der Heiligen Schriften des Judentums unzählige Interpretationen und Zugänge. In den Schulen und Religionsgruppen werden von den Lehrenden jene gelobt, die originelle Fragen stellen, nicht jene, die folgsam funktionieren, ohne die Argumente der Autoritäten infrage zu stellen.

Juden diskutieren, sie streiten, sie haben Freude am gepflegten Disput. Widerspruch ist erlaubt und gewünscht.

Wenn drei Juden zusammentreffen, gibt es vier Meinungen. Zugegeben, darunter können auch zwei ziemlich dumme sein.

Wir haben in unserer Geschichte genau das gelernt, was Experten für Personalwesen als die wichtigsten Eigenschaften für ein erfolgreiches Berufsleben definieren. Das alles würde allerdings nicht genügen, um sich zu entfalten und Wissen, Flexibilität und Diskursfähigkeit zu einem kreativen Prozess zu machen. Es braucht dazu auch den Rahmen, die Chancen, die Offenheit.

Das haben Juden in Mitteleuropa für eine kurze Periode am Ende des 19. Jahrhunderts bis in die 1930er-Jahre vorgefunden. Nach der Enge des jüdischen Dorfes, des Schtetls, gab es etwa in Wien die geistige Weite der Großstadt, die Universitäten und den Esprit der modernen Welt. Hier konnten sie ihre kreativen Fähigkeiten entfalten. Hier gaben sie der Gesellschaft ihren Dank in Form großer Leistungen.

Eine solche Fülle an gesellschaftlichen Beiträgen, wie sie Juden im deutschsprachigen Raum vor der Nazizeit geleistet haben, kann wegen der Marginalisierung nicht mehr möglich sein.

Heute bereichern Juden das Leben in den USA, in Israel und in Ländern, die bereit waren, die Verfolgten in der Bedrängnis der Shoah aufzunehmen. Wenn wir, die wir in Deutschland oder Österreich leben, uns die besten Beispiele von erfolgreichen Juden vergegenwärtigen, werden wir unbändige Lust darauf verspüren, die Bücher der Vergangenheit in die Bibliothek zu stellen und stattdessen Stoff für heutige Bücher zu liefern.

Juden sind verschieden

Wir Juden ähneln einander in vielen Aspekten. Wir werden ähnlich erzogen, die gleichen Grundwerte gelehrt, stammen aus Familien mit derselben Geschichte von Verfolgung und Ausgrenzung. Darum schauen wir auch gerne auf die Leistungen anderer Juden, aber es wäre eine Anmaßung, sie als die unseren zu beanspruchen.

Juden sind nämlich keine rassisch oder anderswie geschlossene Gruppe. Uns so zu definieren, ist eine Spezialität von Antisemiten und wohl auch von Philosemiten. Wer nicht zwischen einzelnen Menschen unterscheidet, sondern vom »Juden« als Gesamtheit spricht, kann vortrefflich jede Handlung eines einzigen Juden allen anderen auch zum Vorwurf machen. Wenn einer stiehlt, ist es »der Jude«, der stiehlt, und wenn einer auf der Straße ausspuckt, ist »der Jude« unfein. Das funktioniert auch mit anderen Gruppen. Beispiele sind »der Türke« oder »der Ausländer«. Damit entledigen sich Antisemiten und Fremdenfeinde jeder menschlichen Annäherung an Mitglieder der von ihnen diffamierten Gruppen.

Kaum ein deutscher Verlagskaufmann wird gerne für die Aussagen des NPD-Vorsitzenden Holger Apfel verantwortlich gemacht werden wollen, und in der ehrbaren Berufsgruppe der österreichischen Zahntechniker identifizieren sich vermutlich nur wenige mit dem aus ihren Reihen stammenden Heinz-Christian Strache und seiner Menschenverachtung.

Wir Juden sind so verschieden, wie Menschen gleicher Herkunft nur verschieden sein können. Das gilt im Positiven wie im Negativen. Bei einer Wahl zur Vertretung der rund 7.700 eingeschriebenen Juden in Österreich treten mehr als zehn Gruppierungen an. Es gibt darunter nach Herkunft organisierte Parteien, nach Art und Strenge der Religionsausübung, weiters nach politischen Gesichtspunkten und so weiter und so weiter. Alle haben sie völlig unterschiedliche Ansichten zu sämtlichen Themen.

Es gab sogar im Team des Rechtspopulisten Jörg Haider einen Vorzeigejuden und auch Heinz-Christian Strache hat so jemanden unter seinen Funktionären. Vielleicht hat ihn dieser Mann gelehrt, sich derart virtuos als Opfer darzustellen. Ein wenig Esprit und Witz sollte er ihm auch noch beibringen, damit wir nicht immer das Bedürfnis verspüren, Herrn Strache, der sich von allen und jedem verfolgt sieht, ein Taschentuch borgen zu müssen.

Sollte sich irgendwo ein Jude schlecht benehmen, und das kann in der Tat vorkommen, möchten jedenfalls wir anderen Juden nicht dafür verantwortlich gemacht werden.

Das bedeutet im Umkehrschluss, dass kein Jude sich der Leistungen anderer Juden rühmen darf, weil auch da kein Zusammenhang besteht. Aber wir können wohl auf erfolgreiche Vorbilder stolz sein und uns an ihnen orientieren.

Befreiung aus der Opferrolle

Es leben unter uns Juden einige, die tatsächlich Opfer der Shoah waren und die schrecklichen Erinnerungen bis heute nicht vergessen können. Es gibt Juden der »zweiten Generation«, die in ihrer Jugend so stark in die Traumata ihrer Eltern eingebunden waren, dass sie aus dieser psychischen Verfasstheit nicht entkommen können. Für sie sind die nächsten Absätze nicht geschrieben. Ich stehe ihnen mit höchstem Respekt gegenüber.

Die meisten von uns jedoch haben eine gute Chance, aus eigener Kraft und mit Mut die Opferrolle abzulegen. Wir sollten daran arbeiten.

Exkurs zur Überwindung der Opferrolle

Das Problem des Verharrens in der Opferrolle ist in unseren marktorientierten Zeiten längst erkannt worden. Wie zu allem gibt es auch dazu im Internet passende Angebote:

»Das Zwölf-Wochen-Selbstcoachingprogramm – Raus aus der Opferrolle. Beenden Sie Ihr Leid! Viele von uns sehen sich selbst als Opfer. So sind es die Umstände, das Schicksal oder andere Menschen, die uns übel mitspielen. Das Gefühl, Opfer zu sein, ist vielen von uns nur zu gut vertraut. Dabei haben wir es fast immer selbst in der Hand, ob wir leiden wollen oder nicht, auch wenn diese Behauptung manche von uns vielleicht zunächst verärgern mag.«

Für Juden ist es dank jahrhundertelanger Übung leichter als für andere Opfergruppen, auf neue Aufgaben flexibel zu reagieren. Wir brauchen keine zwölf Wochen, für uns genügt das folgende Programm, das uns in wenigen Tagen zu einem starken, autonomen und unabhängigen Juden macht. Wir machen das mit Witz und Freude, weil wir dem Bierernst unserer Gegner genau das entgegensetzen können. Wir haben eben einfach mehr Spaß am Leben.

»Das Fünf-Punkte-Programm zum Ablegen der Opferrolle«

Erstens. Finden Sie täglich ein Argument gegen den Antisemitismus, ohne die Wörter Shoah, Holocaust, Massenvernichtung oder Nationalsozialismus zu verwenden.

Zweitens. Finden Sie drei Gründe, warum sachliche Kritik an Israel nicht in jedem Fall und ohne Überprüfung antisemitisch sein muss.

Drittens. Suchen Sie drei Menschen, die nicht der jüdischen Gemeinde angehören und Juden dennoch ganz in Ordnung finden. Gemeint sind nicht Philosemiten, die uns lieben, weil wir doch so nette, arme Opfer sind, sondern Leute, die sich mit dem Judentum in ihrem Alltag ganz und gar nicht beschäftigen und uns im Zweifelsfall genauso schlecht behandeln wie andere Menschen auch.

Viertens. Finden Sie drei gesellschaftliche Gruppen, die es im Leben um vieles schlechter getroffen haben als wir Juden.

Fünftens. Singen Sie am Morgen nach dem Aufstehen das Lied »Always Look on the Bright Side of Life« aus der Schlussszene des Monty-Python-Films »Das Leben des Brian«. Wenn Ihnen dabei die im Wind flatternden Gehenkten allzu sehr gedanklich in die Quere kommen, können Sie das Lied auch durch »Don't Worry, Be Happy« ersetzen.

Wenn Sie diese fünf Aufgaben gelöst haben, verspreche ich einen sicheren Erfolg. Am Ende des Selbstcoachingprogramms werden Sie keinen Gedanken mehr daran verschwenden, was die anderen von uns denken. Sie werden auch nicht mehr meinen, dass wir besser als andere behandelt werden sollten, weil unsere Vorfahren gelitten haben. Nein, Sie werden der Welt zeigen wollen, was in Ihnen steckt und dass Sie Träger der großen jüdischen Tradition des Wissens, der Kreativität und der Lebensfreude sind.

Ehre den echten Opfern

Während meine Großmutter Ella und ihre Kinder nach England flüchten konnten, war ihr Mann Jakob, ein arbeitslos gewordener Buchhalter, in Wien geblieben, um von hier nach Palästina auszuwandern. Er wurde jedoch, bevor er noch seine Angelegenheiten regeln konnte, bei einem Friseurbesuch von der Gestapo verhaftet und in das Konzentrationslager Dachau verschleppt. Nach vier Monaten kam er nach Wien zurück. Auf Fotos, die ihn nach der Freilassung zeigen, sieht er um zehn Jahre älter aus als vor der Haft. Seine Wohnung hatte ein neuer Mieter bezogen oder, wie die Nazis zu solchen Diebstählen an Juden sagten, er hatte sie »arisiert«, sodass Jakob an seine wenigen dort versteckten Habseligkeiten nicht mehr herankommen konnte. Es folgten traurige Briefe an die Ehefrau in der Ferne. Fünfzehn englische Pfund würden ihm fehlen, um die Formalitäten für seine Ausreise erledigen zu können, schrieb er. Ella konnte sie ihm schließlich aus dem Exil senden.

Tag für Tag stellte er sich dann beim »Palästina-Amt« in der Wiener Marc-Aurel-Straße 5 an, um eine Genehmigung für seine »Ausreise« zu bekommen. Schließlich schaffte er es gemeinsam mit einer Gruppe von rund tausend Juden auf eines von drei Donauschiffen in Richtung Schwarzes Meer. Dort wollte die zionistische Gruppe, die den Transport organisierte, ein Hochseeschiff bereitstellen, das die Flüchtlinge in das Gelobte Land bringen sollte.

Doch dieser später als »Kladovo-Transport« bekannt gewordene Fluchtversuch stand unter einem schlechten Stern. Der Ankauf des Schiffes verzögerte sich und wurde bald wegen des sich immer mehr ausweitenden Krieges ganz unmöglich. Weil der Weitertransport mit dem Hochseeschiff nicht gesichert war, ließ die rumänische Verwaltung die Donaudampfer mit den Flüchtlingen nicht passieren. Zwei Winter lang saßen die jüdischen Flüchtlinge auf unbeheizten, für unbeschwerte Ausflüge im Sommer gebauten Schiffen an der serbisch-rumänischen Grenze fest. Wegen der Nazis konnten sie nicht mehr zurück, die Rumänen ließen sie nicht nach vor. Schließlich erbarmten sich die Serben und gewährten den Gestrandeten Zuflucht in einem Lager nahe Belgrad.

Dann aber überfielen die Nazis das Land und machten mit den Juden kurzen Prozess. Immer wenn serbische Partisanen einen Wehrmachtssoldaten getötet hatten, ließen die Besetzer die Juden antreten, wählten hundert von ihnen aus und töteten sie.

Es waren im Übrigen Wehrmachtseinheiten, die hauptsächlich aus Österreichern bestanden, die den Mitbürger aus der Wiener Brigittenau ermordeten. Großvater Jakob starb nur sechs Jahre vor meiner Geburt.

Viele Jahre hindurch war das »Café Salzgries« in eben jener Marc-Aurel-Straße der Treffpunkt von Journalisten, die ihre Redaktionen in der Nähe hatten. Wenn ich am Fenster saß und hinausblickte, schaute ich hinüber auf das Haus Nummer 5, vor dem Jakob so viele Stunden seines Lebens um seine Ausreisegenehmigung bangend verbracht hatte.

Er war ein Opfer, dem ich gedachte und bis heute gedenke. Ein Mann mit altmodischer Nickelbrille und traurigem Gesicht, den ich nie kennenlernen durfte. Ich hingegen, und das zu wissen, ist auch ein Teil dieses Gedenkens, bin kein Opfer.

Ich habe die Nazis, die meinen Großvater ermordeten und alle Juden »ausrotten« wollten, besiegt. Ich bin nämlich noch da. Wir alle, die wir leben, erheben uns mit jedem kreativen Lebensschritt über frühere und heutige Nazis, die nichts als uninspiriert und niederträchtig sind.

Erinnern als Alternative zur Opferrolle

Die Alternative zur Opferrolle ist das würdige Erinnern. Juden haben darin historische Übung. Schließlich hat unser Volk in seiner Geschichte schon einiges erlebt. Beginnend mit der Versklavung durch die Ägypter bis hin zur fast vollständigen Vernichtung durch die Shoah reicht ein weiter Bogen der Vertreibung, Unterjochung und massenhaften Tötung, aber auch der glücklichen Befreiungen und der großartigen Erfolge.

Die positivste Nachricht bei all dem ist, dass wir Juden immer noch leben, während die Aggressoren großteils in den von ihnen selbst entfachten Stürmen der Geschichte untergegangen sind. So möge es auch in Zukunft bleiben.

Wir werden die Shoah nicht vergessen, aber wir müssen uns darauf besinnen, aus unserer Errettung Kraft zu schöpfen, wie das unsere Vorfahren nach jeder traumatischen Erfahrung geschafft haben.

Wir sind heute keine Opfer, wir sind aufrechte Juden, von denen die Gesellschaft in vielerlei Hinsicht profitiert. Wir brauchen kein Mitleid und wir bekommen auch keines. Wir sollten uns auf unsere eigene Kraft verlassen.

Lebt der Antisemitismus noch?

Es gibt in Europa Länder, die fast noch mehr als Österreich und Deutschland dem Antisemitismus verhaftet geblieben sind. Eines der absurdesten Beispiele habe ich vor vielen Jahren in einem Bericht über einen Ausbruch aus dem Konzentrationslager Auschwitz kennengelernt. Josef Meisel, ein österreichischer Jude, der sich im Weltkrieg den Kommunisten angeschlossen hatte, wurde in Wien verhaftet und nach Auschwitz verschleppt. Mithilfe polnischer Partisanen und gut organisierter Häftlinge gelang ihm im Juli 1944 als einem der ganz Wenigen gemeinsam mit dem polnischen Juden Szymon Zajdow die Flucht. Sie versteckten sich in einem aufgelassenen Kamin und verharrten dort so lange, bis die hektischen Suchaktionen der SS-Männer nachließen. Dann liefen sie in einen Wald nahe dem Lager, wo sie von Partisanen empfangen und in Sicherheit gebracht wurden.

Eine tolle Geschichte mit Happy End? Nicht ganz. Bald nach Ende des Weltkriegs und der Besetzung Polens durch die Nationalsozialisten brach in diesem Land eine neue Welle von Antisemitismus los, als wären nicht gerade erst Polen und Juden gemeinsam in der Todesmaschinerie der Nazis ums Leben gekommen. Zajdow flüchtete 1956 erneut, diesmal aus seinem Heimatland Polen. Seitdem gab es noch in jeder Generation polnische Politiker, die mit krassem Antisemitismus auf Wählerfang gingen.Szymon Zajdows Geschichte lehrt, dass das Wissen um den Massenmord nicht notwendigerweise zu einer Änderung in der Haltung führen muss.

> *Antisemiten sind Antisemiten geblieben, auch wenn ihre Vorfahren zusammen mit Juden eingesperrt waren und in denselben Gaskammern ermordet wurden.*

Immanuel Kant, der große Denker der Aufklärung, hat das Postulat ausgerufen: »Sapere aude – Habe den Mut, dich deines eigenen Verstands zu bedienen.« Was aber, wenn die Voraussetzung fehlt, der Verstand?

Als junger Mann besuchte ich zu Beginn der 1970er-Jahre öfter jüdische Freunde in Budapest. Es herrschte ein kommunistisches Regime, das sich, wie wir es auch aus der seinerzeitigen DDR kennen, in einer Selbstzuschreibung »antifaschistisch« nannte. Die Ungarn entzogen sich damit einer gesellschaftlichen Auseinandersetzung mit der Judenverfolgung durch heimische Faschisten und deren Zusammenspiel mit den Nationalsozialisten.

Meine Freunde erzählten von übelstem Antisemitismus. Einmal baten sie mich, mit ihnen gemeinsam, wir waren zu viert, in einem Restaurant laut hörbar das hebräische Volkslied »Hava Nagila« zu singen. Ein Ausländer am Tisch würde sie vor zu befürchtenden Übergriffen schützen und sie könnten auf diese Weise endlich einmal ihre jüdische Identität stolz in der Öffentlichkeit zeigen. Das ist lange her und doch musste ich an diese Begebenheit denken, als im August 2012 ungarische Fans während eines Fußballländerspiels zwischen Israel und Ungarn beim Abspielen der »Hatikva«, der israelischen Hymne, »dreckige Juden« und »Buchenwald« intonierten. Niemand hinderte sie, niemand entschuldigte sich danach. Ungarn ist ein Land, das heute wieder von einer autoritären Regierung geführt wird, die nicht in der Lage ist, die ökonomischen Bedingungen der Menschen zu verbessern.

Rechtsextremisten haben es noch in keinem Land und zu keiner Zeit geschafft, eine vernünftige und erfolgreiche Wirtschaftspolitik zu betreiben.

Also ersetzen die ungarischen Machthaber mangelnde Handlungsfähigkeit durch Schuldzuweisung an Juden und andere Minderheiten. Nach einem vom deutschen Bundestag beauftragten Expertenbericht sind in Deutschland zwanzig Prozent der Bevölkerung latent antisemitisch eingestellt. Es ist ein seltsames Konglomerat, das sich gebildet hat. Für den Osten des Landes gilt dasselbe wie für Polen und Ungarn. Die Machthaber der ehemaligen DDR erklärten ihr Land ganz einfach zu einem »Bollwerk des Antifaschismus« und ersparten sich damit jede weitere Aufarbeitung der Geschehnisse während der Shoah. So wurde der ganze gedankliche Schrott nach der Wiedervereinigung ungesäubert wieder zu Tage gespült.

Ganz anders im Westen, wo es zu einer ernsthaften Auseinandersetzung mit der nationalsozialistischen Vergangenheit kam. Dort bildete sich allerdings durch Zuwanderung ein islamistisches Milieu, das antijüdische Reflexe in die Gesellschaft importiert. Deutsche Muslime werden zwar ihrerseits von der Mehrheitsgesellschaft diskriminiert, aber das hält sie nicht davon ab, mit jenen, von denen sie verachtet werden, gemeinsame Sache gegen die Juden zu machen. So erschallen von den Fußballtribünen Sätze wie »Juden gehören in die Gaskammer«, »Auschwitz ist wieder da« und »Synagogen müssen brennen«. In Schulen, so der Befund einer Studie, die vom deutschen Bundestag in Auftrag gegeben wurde, gehöre das Schimpfwort »Jude« vielerorts schon fast zum Allgemeingut.

In Österreich will, wie die zitierte Studie von Gottschlich ausweist, jeder Achte lieber keine Juden im Land haben. Das mag schrecklich klingen, macht jedoch immerhin einen enormen Unterschied zur Situation in den 1930er-Jahren, als der überwiegende Teil der Bevölkerung Juden offen ablehnte. So weit, so gut. Aber ganz so heiter braucht uns dieser Befund dann auch wieder nicht zu stimmen. Denn tief in den Gehirnen, fast möchte ich meinen, Genen vieler, allzu vieler Österreicher und Deutscher steckt immer noch tief verwurzelt der Antisemitismus, der ihnen in Familie, Schule und auch Kirche über Jahrhunderte gepredigt wurde. Die austrofaschistische und später die nationalsozialistische Erziehung taten ihr Übriges.

Wann immer ein Thema aufkommt, das mit Juden zu tun hat, finden sich schnell aufgeregte, übereifrige Diskutanten, die mit wenig Sachkenntnis, aber viel Energie eine antijüdische Position einnehmen, als ob ihnen jede Gelegenheit recht wäre, die angebliche Perfidie und Bösartigkeit der Juden unter Beweis zu stellen. Das sitzt tief im Unterbewusstsein, schafft sich jedoch beim geringsten Anlass blitzschnell einen Ausgang an die Oberfläche. Die Beschneidungsdebatte im Juli 2012 kann als Beispiel dafür gelten. Das schadet dem Diskurs insgesamt, lassen sich doch solche, von Ressentiments getragene Positionen nur schwer von sachlich fundierten und ehrlich interessierten Meinungen unterscheiden.

Wen wundert es also, dass Juden sich entweder verweigern oder übertrieben reagieren, wenn bei ihnen der Eindruck entsteht, von einer nahezu ausschließlich feindlichen Bevölkerung umgeben zu sein.

Dennoch halte ich daran fest, dass wir Juden das Opferbewusstsein ablegen müssen, um mit klarem Blick zwischen Freunden und Feinden unterscheiden zu können. Die Antisemiten sind viele, aber sie sind dennoch eine Minderheit.

Das Unrecht lebt

»Ich habe ja nichts gegen Ausländer, aber ...« Dieser Satz ist immer häufiger zu hören, nicht nur an den Stammtischen, sondern auch an den Esstischen gutbürgerlicher Familien. Die unreflektierte Ablehnung von Fremden ist längst in der Mitte unserer Gesellschaft angekommen. Das erinnert durchaus an die Diskriminierung der Juden in den 1930er-Jahren.

In den Kreisen der bürgerlichen Mitte würde diese Analogie empört zurückgewiesen werden. Die Leute beanspruchen für sich, politisch korrekt zu sein. Sie zählen gerne ihre ausländischen Freunde auf, können auch ein tapferes Familienmitglied benennen, das seinerzeit die Juden noch gegrüßt hat, als es schon ganz gefährlich war. Wie wenig sie doch gelernt haben, wie wenig angekommen ist.

Es kann aber nicht die Aufgabe der Juden sein, diesen Lernprozess zu gestalten. Die Mehrheitsgesellschaft muss die schwierige Aufgabe der Analyse, wie Diktatur beginnt, wie sich Unrecht schrittweise, fast unmerklich in die Gesellschaft einschleicht, selber leisten. Nur weil wir einmal die Opfer waren, müssen und können wir jetzt diese Verpflichtung nicht übernehmen. Wir sagen ihnen daher: »Das macht euch schön selber, es ist eure Sache, nicht die unsere.«

> *Ich plädiere dafür, dass wir nicht nur die Opferrolle ablegen, sondern auch die Aufgabe, für eine gesicherte, beständige Demokratie zu sorgen, an die Mehrheitsgesellschaft übertragen.*

Wir Juden befassen uns schon so lange mit diesem Thema, dass wir gerne beitragen und helfen, indem wir etwa die Hauptwidersprüche benennen, die bis heute nicht aufgearbeitet sind, jedoch dringend einer solchen Aufarbeitung harren. Warum gibt es immer mehr Neonazis und Rechtsaußenwähler, wo doch so viele Gedenkstätten, Erinnerungsprojekte, Denkmäler, Opferdateien und Berichte von Überlebenden der Shoah auf das genaue Gegenteil zielen? Wieso gehen so viele junge Leute den Rechtsextremen so leicht auf den Leim? Und warum brauchen so viele Menschen unschuldige Sündenböcke, statt ihr Schicksal selbst in die Hand zu nehmen?

Von diesen Gedanken ausgehend können wir erkennen, dass die Form der bisherigen Gedenkarbeit seit den 1980er-Jahren zwar ein neues Bewusstsein über die Untaten der Nationalsozialisten geschaffen hat und auch eine angemessene Form war, für die Opfer der Shoah gedankliche und reale Stätten der Würdigung zu schaffen, aber keineswegs geeignet ist, auf heutige politische Einstellungen einer allzu großen Minderheit Einfluss zu nehmen.

Wie sollen wir Juden mit Antisemitismus umgehen?

Eine einfache Antwort lautet: Gelassen und wehrhaft.

Juden, die auf der Straße die Kippa, das klassische jüdische Käppchen, tragen, sind es gewöhnt, dass sie belästigt werden. Sie denken sich ihren Teil und weichen aus.

Erst unlängst hat in Wien ein vermutlich aus Deutschland eingereister Fußballfan einen Juden mitten am zentralen Schwedenplatz mit Heil-Hitler-Rufen angepöbelt. Dass ein direkt danebenstehender Polizist sich da nicht einmischen wollte, ist eine neue Qualität im heutigen Österreich. Die Innenministerin schwieg dazu. Nicht unerwähnt bleiben soll, dass der Obmann der »Muslimischen

ÖsterreicherInnen« dem angegriffenen Juden seine Solidarität erklärte und den Übergriff verurteilte. Die österreichischen Muslime, oder wenigstens ihre offiziellen Vertreter, wissen, wie sich Diskriminierung anfühlt, und verteidigen daher uns Juden. Das Leben ist offenbar voll von Paradoxa.

Trotz solcher Vorfälle müssen wir darauf achten, nicht in jeder und jedem einen Antisemiten zu sehen.

Es gibt mehr Menschen, die uns Juden wohlgesonnen sind als solche, die uns ablehnen. Das korreliert mit der Zahl der intelligenten Menschen. Sie sind auch in der Überzahl gegenüber den Dummen.

Manche Skeptiker unter uns sind allerdings anderer Meinung, wie folgender Witz zeigt: Moishe Rosenblatt, einen schweren Koffer in der Hand, steigt in Wien aus dem Zug und geht in die Bahnhofshalle. Dort fragt er den nächsten Passanten: »Sind Sie Antisemit?« Der Mann verneint empört und sagt: »Ich liebe die jüdische Kultur.« Daraufhin wendet er sich an einen anderen Mann mit derselben Frage. Auch der verneint und zählt alle seine jüdischen Freunde auf. So ergeht es Rosenblatt auch noch mit weiteren Passanten. Endlich findet er einen, der ihn von oben bis unten verachtungsvoll mustert, und sagt: »Ja, ich mag keine Juden.« Rosenblatt lächelt erleichtert: »Sie sind der erste ehrliche Mensch, den ich hier treffe. Bitte passen Sie kurz auf meinen Koffer auf, ich muss schnell mal aufs Klo.«

Lieber als Antisemiten und Philosemiten sind mir allerdings die ganz normalen, grantelnden Wiener oder bissigen Berliner. Solche, die auf die Frage, ob sie Antisemiten seien, antworten: »Nein, mir sind die Juden genauso zuwider wie alle anderen Menschen auch.«

Es gibt in der Tat Drohbriefe, Beschimpfungen auf der Straße, ja Verhöhnungen. Aber wir müssen auch über die reden, die uns wohlgesonnen sind, die uns ihre Solidarität ausdrücken und sich gegen Antisemitismus empören. Wir Juden, und hier vor allem unsere Vertretung nach außen, sollten über das Positive in der Begegnung mit Nichtjuden wenigstens ebenso laut sprechen, wie über das Negative. Das stimmt mit der Wahrheit besser überein und verhindert, dass wir rund um uns nur mehr Feinde wähnen.

Die Beschneidungsdebatte und was wir aus ihr lernen können

Ein Beispiel dafür, wie Debatten ins Niemandsland führen, wenn sie voll Aufregung, statt mit angemessener Ruhe, und mit von vornherein festgefahrenen Positionen, statt im sachlichen Dialog geführt werden, konnten wir im Sommer 2012 erleben.

In diesen heißen Tagen schlug die große Stunde eines Kölner Landesgerichts. Es hatte Recht über einen Arzt zu sprechen, der einen vierjährigen muslimischen Jungen auf Wunsch seiner Eltern beschnitten hatte. Das Kind litt ein paar Tage nach der Operation an Blutungen und wurde ins Spital eingeliefert. Die Staatsanwaltschaft erhob Anklage gegen den Arzt. Ein Erstgericht sprach den Mann frei, weil die Behandlung medizinisch einwandfrei ausgeführt worden sei. In der Folge berief der Staatsanwalt gegen das Urteil, worauf das Landesgericht als zweite Instanz zu entscheiden hatte.

Auch in dieser Verhandlung sprachen die Richter den Arzt frei, diesmal nicht, weil er medizinisch einwandfrei gehandelt, sondern weil er sich in einem »Verbotsirrtum« befunden hätte. Sie werteten die Beschneidung an sich jedoch als kriminellen Akt. Es sei dieser Ritus, so das Gericht, eine Körperverletzung. Bei der Abwägung zwischen den Grundrechten »körperliche Unversehrtheit des Kindes« und dem »Anspruch auf Religionsfreiheit« der Eltern sei ersteres höher zu gewichten.

In der Folge kam es nicht zu einer sachlichen Auseinandersetzung um die Qualität des Urteils und seiner Argumente, wie sie durchaus sinnvoll gewesen wäre, sondern es entspann sich ein Konflikt, der jene Blickwinkel und Absurditäten deutlich macht, die Diskurse zu jüdischen Fragen gerne einnehmen.

Als Erstes meldeten sich Politiker, die von anderen Themen ablenken wollten. Hier in meiner Heimat Österreich waren das der Landeshauptmann von Kärnten, dessen Partei wegen Korruptionsvorwürfen in die Schlagzeilen geraten war, dann jener von Vorarlberg, der um die Stimmen der Rechten buhlte. Sie rieten der Ärzteschaft ihres

Landes, keine Beschneidungen mehr durchzuführen, solange die rechtliche Lage in Österreich nicht geklärt sei. Da half auch nicht, dass die Justizministerin versicherte, dass Beschneidungen in Österreich, anders als in Deutschland, rechtens seien.

Als Nächstes traten Religionsgegner auf den Plan, die mit einem der religiösen Missionierung ähnelnden Eifer den Menschen ihren Glauben austreiben wollten.

Auch diesen Eiferern kam die Beschneidungsdebatte gerade recht, um mit der angeblichen Grausamkeit der Religion ins Gericht zu gehen.

Dann meldeten sich selbst ernannte Experten, von denen niemand in der breiten Öffentlichkeit je vorher etwas gehört hatte. Sie witterten die Chance, auch einmal im Mittelpunkt des medialen Interesses zu stehen. Unter ihnen war etwa eine Psychotherapeutin, die allen Ernstes behauptete, die Beschneidung würde zu Traumata bei den Buben führen. Die gute Frau hätte wohl besser die Geschichte der Psychoanalyse in Wien studieren sollen, um zu erfahren, dass 1938 nahezu alle Mitglieder der Wiener Psychoanalytischen Vereinigung Juden und daher, soweit es sich um Männer handelte, wohl mit großer Wahrscheinlichkeit als Kleinkinder beschnitten worden waren. Psychoanalyse als Reaktion auf traumatisierende Effekte der Beschneidung? Freud ein Mann voller Kastrationsängste?

Ein weithin unbekannter Urologe meinte, die Vorhaut sei »hochsensibles Gewebe«, bei dessen Entfernung auch die Sexualität »beschnitten« werde. Das, so können wir jüdischen Männer ihm versichern, stimmt mit unserer Lebenspraxis gar nicht überein. Nicht neidig sein, Herr Urologe, rufen wir ihm zu, Beschneidung ist auch in höherem Alter durchaus noch möglich.

Schließlich sind die Perversen zu erwähnen, denen jede Diskussion über Genitalien recht kommt, um in ihren Fantasien zu schwelgen, und in derselben Kategorie die feigen, anonymen Naziblogger, die sich im Schutze des Internets über Juden und Muslime auslassen konnten.

Die Reaktion des Ehrenpräsidenten und nach wie vor einflussreichsten Mannes in der Wiener Kultusgemeinde habe ich schon erwähnt. Er wusste auf ein eventuelles Beschneidungsverbot nur zu sagen, es »wäre dem Versuch einer neuerlichen Shoah, einer Vernichtung des jüdischen Volkes gleichzusetzen, nur diesmal mit geistigen Mitteln«.

Dass er damit niemand von den vorher beschriebenen Gruppen erreichen konnte, liegt auf der Hand. Er hätte sie besser ignoriert oder mit feinem Spott bedacht.

Es gab aber auch viele Menschen, die wirklich wissen wollten, wie die Beschneidung vor sich geht, was sie für die Buben bedeutet, und das aus echtem Interesse, weil ihnen das Wohl von Kindern tatsächlich wichtig ist. Sie hätten sich zwar selbst fragen können, ob gerade der Moment, in dem die oben erwähnten Gruppen von Selbstdarstellern und Wichtigmachern und dazu die ganze Schar der Antisemiten auf Juden und Muslime losprügelten, der richtige war, um dieses Interesse zu befriedigen.

Umgekehrt hätten die Vertreter der Juden eine geeignete Form finden müssen, um berechtigte Fragen zu beantworten und falsche Vorstellungen von jüdischen Riten zu zerstreuen. Das Strapazieren der Shoah hilft in solchen Fällen jedenfalls überhaupt nicht. Mag auch die Diskussion wieder eingeschlafen sein, ist es den Vertretern der Juden nicht gelungen, ihre Anliegen plausibel zu machen.

Glücklicherweise gibt es auch eine Menge seriöser Menschen in Deutschland und Österreich, darunter eine Reihe von Journalisten, die in ihren Medien das Thema »Beschneidung« sachlich abhandelten. Ihre Stimmen geben Hoffnung. Wenn dann noch bei Vertretern der jüdischen Gemeinde Ruhe und Besonnenheit an die Stelle von Hysterie und Aufgeregtheit träten, könnte das zu einem wirklichen Dialog abseits der Opferrolle führen.

Die Beschneidung wird im Übrigen niemand abschaffen können. Sie wird, solange sie erlaubt ist, unter hygienischen, kontrollierten Bedingungen stattfinden oder aber in Hinterzimmern von Quacksalbern, wenn sie denn verboten werden sollte. Schließlich lassen Juden ihre Buben seit Jahrtausenden beschneiden. Der Prominenteste unter ihnen war übrigens der kleine Jesus.

Wir Juden selbst erzählen gerne Witze, in denen wir uns über uns selbst lustig machen. Witze, die nur uns gehören und die niemand sonst zu erzählen braucht. Auch zur Beschneidung gibt es einen.

In einem Pissoir stehen zwei Juden nebeneinander. Der eine zielt zwar richtig, aber der Strahl geht ganz woanders hin, als er sollte. Sagt der Nachbar: »Wien 1968, 2. Bezirk, Augartennähe«. »Woher wissen Sie das?«, fragt der Mann peinlich berührt. »Ich hatte den gleichen Mohel (Beschneider) wie Sie.«

Antisemiten sind dumm

Manche Juden sind dumm, manche klug und dazwischen gibt es alle Abstufungen. Antisemiten sind immer dumm. Die meisten leben in Städten und Orten, wo es keine Juden gibt. Sie beurteilen aufgrund von Vorurteilen und Meinungen, die sie unkritisch von ihren Eltern oder von machtgeilen Politikern übernommen haben. Immer geht es darum, dass Juden für irgendetwas die Schuld tragen. Die Dummen schieben derzeit beispielsweise die Verantwortung für den Crash der Wirtschaft auf die wenigen verbliebenen Juden und fantasieren riesige Einflussnetze eines übermächtigen Volkes.

Statt das Schicksal in die eigenen Hände zu nehmen, lassen sich Antisemiten in die gemütliche Position fallen, die andere, hier die Juden, für ihr Schicksal verantwortlich macht. Unterstützt werden sie dabei von Politikern, die keine Rezepte für positive gesellschaftliche Änderungen kennen und daher nur in diesem Teich, dem Tümpel der Dummen, zu fischen imstande sind.

So einen hatten wir doch schon mal, der den Leuten einreden wollte, die Juden seien an ihren Problemen schuld, um sie dann in die größte Katastrophe der Geschichte zu jagen. Der geniale jüdische Schüttelreimdichter Franz Mittler schrieb über ihn:

The Fuehrer
Remember him, how loud he cried
when to the stupid crowd he lied!

Gibt es dumme Juden?

Ich wurde einmal in einem Radiointerview gefragt, was ich von dem Mann hielte, den sich Heinz-Christian Strache als Vorzeigejuden hält und der trotz seiner jüdischen Herkunft die FPÖ im Wiener Gemeinderat vertritt. Meine Antwort war: »Es ist nicht so, dass alle Juden klug sind.«

Der Mann rief mich an und meinte, ich möge nicht in aller Öffentlichkeit sagen, dass er dumm sei, so was sollten sich Juden untereinander ausmachen. Er hatte meinen Satz von selbst auf das Wunderbarste interpretiert. Wer bin ich, ihm da zu widersprechen.

Faszinierend daran ist diese doppelte Märtyrerrolle, die er einnimmt. Einerseits ist er Mitglied einer Partei, bei der sich alle stets als Opfer einer angeblichen Jagdgesellschaft aus Linken und Medien bezeichnen, und andererseits versteht er sich als Jude, der geschützt werden muss und nicht in aller Öffentlichkeit gerügt werden darf. Fazit: Es ist nicht jeder Jude klug und es ist nicht jeder Jude sympathisch.

Um hier nicht allzu streng zu werden, sei ein jüdisches Genie zitiert. Albert Einstein schrieb angeblich einmal in ein Gästebuch:

»Schau ich mir die Juden an
hab ich gar ka Freud daran.
Fallen mir die anderen ein,
bin ich froh, a Jud zu sein.«

Test zur Wehrhaftigkeit

Weil auch ein provokantes Pamphlet, wenn es denn jüdische Themen behandelt, nicht nur ernst sein darf, habe ich für die nichtjüdischen Leserinnen und Leser den ultimativen Selbsttest zusammengestellt, an dem sie ihren Widerstandsgeist und Mut messen können. Wenn Sie, werte Leserin, geschätzter Leser, ihn bestehen, brauchen Sie sich nie mehr mit der Shoah zu befassen. Sie werden, wenn Sie alles geschafft haben, im richtigen Moment mutig auf der Seite des Rechts stehen.

Erstens. Singen Sie an einem österreichischen Stammtisch lauthals ein jüdisches Lied.

Zweitens. Mischen Sie sich ein, wenn jemand sein Kind anschreit oder gar schlägt. Lassen Sie sich nicht von dem Argument abhalten, es ginge Sie das nichts an.

Drittens. Gehen Sie mit einer Kippa zu einem Fußballspiel in Wien, passieren Sie dabei den Schwedenplatz und grüßen Sie freundlich die dort postierten Polizisten.

Viertens. Widersprechen Sie Freunden und Bekannten, wenn Sie bei einer gepflegten Abendunterhaltung über Ausländer schimpfen. Fragen Sie die Leute, wann Ihre eigene Familie nach Österreich oder Deutschland eingewandert ist. Wenn es Ihnen gelingt, Ihre Freunde davon zu überzeugen, dass Sie selber auch einen »migrantischen Hintergrund« haben, erhalten Sie einen Zusatzpunkt.

Fünftens. Finden Sie drei Gründe, warum es Ihnen eigentlich sehr gut geht und Sie daher keinen Sündenbock brauchen, der an Ihrem Elend Schuld trägt.

Sechstens. Empfehlen Sie dieses Buch Ihren Freunden. Borgen Sie es aber auf keinen Fall her. Schließlich müssen mein Verleger und ich auch von etwas leben.

Wer ist für Aufklärung verantwortlich?

Es gilt als selbstverständlich, dass Juden für das »Nie wieder« kämpfen und die Speerspitze bei der Aufklärung der jungen Generationen sein müssen. Jahrzehntelang pilgerten Juden, die der Shoah entkommen konnten, als Zeitzeugen durch die Schulen oder übernahmen Verantwortung in den Institutionen des Gedenkens.

Auch davon ist es genug. Im Gleichklang mit der Abgabe der Opferrolle sollten wir uns auch von der Rolle der Mahner und Erzieher zurückziehen.

Junge Menschen über die Geschichte ihres Landes und über Recht und Unrecht aufzuklären, ist nicht

Sache der Juden alleine, sondern vorrangig Sache der Mehrheitsgesellschaft.

Warum sollen denn wir zwei Promille der Bevölkerung die Hauptarbeit für die anderen leisten? Das hieße ja, dass der Mehrheitsgesellschaft die Aufrechterhaltung der Demokratie, die Sicherung der Freiheitsrechte und der innere Friede nicht von Bedeutung wären.

Einige Tage nach der Beschimpfung eines Juden am Schwedenplatz, bei der ein unmittelbar danebenstehender Polizist keinen Grund zum Eingreifen gefunden hatte, gab es ebendort als Protest einen Flashmob. Es kamen gerade einmal 120 Personen zusammen, die meisten von ihnen selber Juden.

Wenn die Polizei die Rechte eines Staatsbürgers ignoriert, ist dieser Mann in Gefahr. Aber doch nicht nur er. Es wackeln die Fundamente der Demokratie und keinen interessiert es.

Wir Juden werden es ohnehin alleine nicht schaffen, das fehlende Wissen um die Geschichte und die Bedeutung von Grundrechten zu vermitteln. Je mehr wir uns engagieren, desto mehr erhalten wir den Status einer wahlweise nervigen oder aber isolierten, merkwürdig sich empörenden Minderheit, die gegen ihre höchstpersönlichen Feinde kämpft. Dabei verkommt dann auch der Kampf um die Menschenrechte zu einem Hobby dieser seltsamen, kleinen Gruppe.

Die braven Bürger sitzen im Wohnzimmer, beobachten am Fernsehschirm voll Sympathie, wie wir Juden ihre Demokratie verteidigen, und recken schon mal ganz mutig den virtuellen Daumen, wenn wir eine Botschaft auf Facebook stellen.

Wir sagen ihnen: Wer nicht will, dass die Demokratie kaputt geht, muss schon selber etwas tun. Es ist die Aufgabe aller, sich mit der Geschichte auseinanderzusetzen und daraus die richtigen Lehren zu ziehen. Wir Juden werden euch diese Verantwortung nicht abnehmen. Wir haben schon fast siebzig Jahre lang geholfen. Jetzt heißt es: Die Mehrheitsgesellschaft muss mündig werden.

Warum sollen wir die Opferrolle gerade jetzt abgeben?

Eine erste Phase nach 1945 war vom Schweigen über die Gewaltverbrechen und von ihrem Verleugnen gekennzeichnet. Auf sie beziehen sich viele unter uns immer noch. Sie sprechen von der Notwendigkeit des Erinnerns, des Gedenkens und der Aufarbeitung.

Aber das tun wir doch auch schon seit rund 25 Jahren, seit eine zweite Phase begann, eine Phase, die das Schweigen aufbrach. Inzwischen hat die Shoah, so wie sie vermittelt wird, keine Relevanz mehr für das Verstehen heutiger Verhältnisse. Sie ist ein historischer Abschnitt, aus dem junge Menschen nicht mehr lernen können, wenn die Lehrenden immer nur auf die Toten, aber kaum auf die Entstehung des Unrechts verweisen.

In einer dritten Phase nach jener des Schweigens und jener des Erinnerns müssen verantwortungsbewusste Bürger, Lehrer, Wissenschaftler und Politiker neue Formen der Demokratievermittlung unabhängig von der Shoah finden. Es müssen alle, die für die Demokratie verantwortlich sind, heutige Argumente gegen Rassismus, Fremdenfeindlichkeit, Antisemitismus und ganz allgemein gegen die Unterhöhlung des Rechtssystems verwenden. Dabei allein auf die Untaten der Nazizeit als verabscheuungswürdiges Resultat falscher Politik zu verweisen, hilft gar nicht.

Inzwischen ist alles bekannt, was damals geschah. Wenn wir, um nur ein Beispiel zu nennen, jetzt lesen, dass der 97-jährige László Csatóry, der Judendeportationen nach Auschwitz organisierte, von einem Reporter der Zeitung »Sun« in Budapest aufgestöbert wurde und vielleicht doch noch von einem Gericht zur Verantwortung gezogen wird, so können wir darüber doch schwerlich noch irgendeine Art von Befriedigung empfinden. Der Mann wird bald sterben und je nach religiöser Ansicht entweder zu Staub zerfallen oder, da finde ich die christliche Form eindeutig tauglicher, auf ewig in der Hölle schmoren.

Es zeigt uns diese Nachricht deutlich, dass es vorbei ist mit der Shoah, dass keine wesentlichen neuen Erkenntnisse mehr dazukommen. Was aus dem Wissen um die Menschenvernichtung der Nationalsozialisten bis jetzt nicht gelernt wurde, wird durch ewige Wiederholung nicht mehr gelernt werden.

> *Wir Juden sollten uns darauf konzentrieren, zu heutigen Themen mit heutigen Argumenten Stellung zu beziehen. Die Shoah ist Geschichte. Sie hat keinen Bezug zur Gegenwart der jungen Generationen.*

Wie sich die »Vergangenheitsbewältigung« in meiner Heimat Österreich entwickelt hat

Wir müssen uns darüber im Klaren sein, dass die beiden ersten Phasen nicht dazu geführt haben, die politischen Einstellungen eines relevanten Anteils der Bevölkerung zu verändern. In vielen Familien werden antijüdische Haltungen weiterhin ohne Überlegung und Überprüfung weitergegeben, Fremde werden abgelehnt und ein kritischer politischer Diskurs gilt schnell einmal als Nestbeschmutzung oder Störung der heiligen Ruhe.

Dazu kommen neue Gruppen der Bevölkerung, die ohne jedes Wissen über das System »Demokratie« in die westliche Welt immigrieren und dann dort deren Werte infrage stellen. Was soll ihnen die Shoah sagen? Vielen von ihnen sagt auch unsere Demokratie nichts.

Schauen wir uns an, wie die Aufklärung gelaufen ist, um uns keiner Illusion mehr darüber hinzugeben, was mit den gewählten Methoden bisher erreicht wurde. Und ich sage es vorweg: Gar nichts.

Die erste Phase: Als der Nationalsozialismus weiterlebte

In meiner Kindheit in den 1950er-Jahren herrschte der gerade erst besiegte Nationalsozialismus unverhüllt weiter. Die Köpfe waren voll von seiner Ideologie, die »Herrenmenschen« hatten noch nicht wirklich realisiert, dass sie abmontiert worden waren. Alle Arten von Erziehern hatten ihre eigene Erziehung eben erst in den Schulen zuerst der Austrofaschisten und dann der Nazis erhalten und nicht mit einem Mal abgelegt. Es gab keine Kurse für demokratisches Denken und Fehleranalyse. Alles war beim Alten geblieben, nur die Macht war verloren. So lehrten sie den ganzen alten Müll erbarmungslos weiter, und er steckt daher, immer wieder tradiert, noch bis heute in allzu vielen Köpfen.

Meine Kindergärtnerinnen ließen uns Vierjährige in Besenkammern ohne Licht dunsten, um uns Disziplin zu lehren, und auch in den Schulen ging es vielfach um nichts anderes als brutale Zucht und gleichgeschaltete Ordnung. Schläge und Demütigungen wurden verteilt und von vielen Eltern widerspruchslos akzeptiert.

Die in den letzten Monaten in Österreich bekannt gewordenen Übergriffe auf Heimkinder, wie medizinische Experimente oder unbezahlte Kinderarbeit, die es noch während drei Jahrzehnten nach dem Krieg gab, waren Produkte einer Denkweise, die im Nationalsozialismus wurzelte. Den Nazis galten Menschen, auch Kinder, als

»Material«. Sie beraubten sie ihrer Individualität, erniedrigten sie und beuteten sie aus.

Der schon erwähnte Rudi Wein pflegte zum Sinn einer solchen Erziehung, die behauptete, Menschen stählen zu wollen, einen Nazispruch zu zitieren, der da lautete: »Was mich nicht umbringt, macht mich hart.« Dann umspielte ein breites Grinsen sein Gesicht und er fügte hinzu: »Herr Hitler war glücklicherweise unter denen, die diesen Unsinn nicht überlebt haben.«

In meinem ersten Jahr im Gymnasium erschien in unserer Klasse ein kleiner, verhutzelter Mann und stellte sich als Geografielehrer vor. Das Auffälligste an ihm waren seine fliehende Stirn und die großen Ohren. Er war streng und ungerecht, die Kinder fürchteten ihn. Eines Tages sprach er von den Rassen und ging dann bald auf das Thema »Untermenschen« ein. Diese seien daran zu erkennen, dass sie keinen so edlen Kopf hätten wie die Arier, sondern eine fliehende Stirn und große Ohren, ähnlich den Affen. Wir saßen da, schauten verdutzt auf ihn und lachten schließlich. Aufklärender hätte ein Unterricht gar nicht sein können. Von dem Moment an wussten alle in der Klasse die Rassentheorie und ihre Vertreter richtig einzuschätzen. Leider kommen solche einfach zu verstehenden Enthüllungen nur ganz selten vor.

In den Wohnungen meiner Schulkollegen hingen kleine Fotografien von Großvätern und Vätern. Schräg über die Bilder der in Wehrmachtsuniformen steckenden Männer war ein schwarzes Band drapiert. Sie waren im Krieg gefallen. Laut »Wikipedia« kamen aus dem Zweiten Weltkrieg zwischen 3,2 und 5,3 Millionen deutsche und rund 230.000 österreichische Männer nicht mehr zurück. In den Straßen Wiens sah man immer wieder sogenannte »Kriegsversehrte«, Männer mit abgeschossenen Gliedmaßen oder Blinde.

Trotz der zahlreichen Opfer unter Angehörigen der Mehrheitsgesellschaft blieb bei vielen Menschen der Lerneffekt aus den Erfahrungen des Weltkriegs marginal.

»Deine Eltern waren fein raus«, sagten mir so manche Verwandte meiner Mitschüler, »sie sind ja im Ausland in Sicherheit gesessen, während unsere Männer an der Front kämpften und die Alliierten unsere Häuser bombardierten.« Auch ein Kind begreift sehr schnell, dass es unversöhnliche Feinde gibt. Ich hatte damals schon von den Eltern gelernt, wie viele in Deutschland und Österreich »Ja« gerufen hatten, als sie von Hitler und seinen Gefolgsleuten gefragt wurden, ob sie den totalen Krieg wollten. Zumindest hatten viele von ihnen nicht »Nein« gesagt, als noch Zeit dafür gewesen wäre. Nachher waren so viele nichts als wehleidig und schwelgten in Selbstmitleid.

Ich fand es also durchaus erfreulich, dass sie die Opfer waren und nicht ich. Mit ihren Söhnen hatte ich es einfacher. Wir gingen gemeinsam Fußball spielen und da zählten Tore und Dribblings und nicht Vorurteile.

Das ging lange so in Österreich. Trotzig beharrten die Alten auf ihrer eigenen Opferrolle, die sie doppelt definierten. Einmal bezeichneten sie sich als Opfer der Nationalsozialisten, weil Hitler und seine Armee Österreich überfallen hätten. Der Jubel am Heldenplatz blieb außen vor, ebenso die aktive Teilnahme so vieler Österreicher an den Naziverbrechen. Was die Alliierten aus geopolitischen Gründen konstruierten, den Opferstatus Österreichs, um das Land von Deutschland faktisch und im Bewusstsein der Menschen zu trennen, nahmen die Österreicher gerne an und ersparten sich gleich auch das Nachdenken über ihre Mitbeteiligung und Schuld.

Nach 1945 sahen sie sich darüber hinaus und noch viel mehr als Opfer der Besatzungsmächte. Sie konnten den »Scheißrussen« und den »Scheißamis« nicht verzeihen, dass sie den Krieg gewonnen hatten. Aber sie lernten schnell mit den neuen Verhältnissen umzugehen. Der schon erwähnte Hermann Leopoldi sang den Österreichern dazu in kaum verhülltem Zynismus das Lied der feigen Anpassung. »An der schönen roten Donau«, nach einem Text von Kurt Robitschek, begann so:

Mutter, guck zum Fenster auße!
Uns beherrscht ein neicher Geist!
Schau mal nach, was »G'schamster Diener«
in der Russensprache heißt!
Jetztat kenn ma kan Genierer,
Freiheit ist ein schönes Wort.
Und das Bild von unser'm Führer
Schmeiß' ma in an g'wissen Ort!

Für viele lag der Tag der Befreiung folgerichtig nicht im Jahr 1945, sondern zehn Jahre später, als die alliierten Soldaten Österreich verließen.

Ich hatte noch einmal in der Mitte der 1990er-Jahre ein Erlebnis, das symptomatisch für die Weigerung vieler Österreicher war, aus der Geschichte Schlüsse zu ziehen.

Einer meiner besten Freunde feierte seinen fünfzigsten Geburtstag und bat mich für ihn eine Rede zu halten. Auch seine Eltern waren dort. Ich betonte unter anderem, welche positive Qualität darin bestünde, dass wir überhaupt Freunde hatten werden können. Unsere Väter, hier ein Sohn eines Großbauern, dort ein schmächtiges Judenkind aus Wien, hätten im Klima der 1930er-Jahre niemals zusammenkommen können.

Nach der Rede rief mich die Mutter meines Freundes an ihren Tisch, dankte mir für meine Worte und erzählte mir ausführlich, welche Todesangst die Familie gehabt hätte, als ihr Mann nach dem Krieg in »Glasenbach« eingesperrt gewesen war. Dieses Lager in Salzburg war von den Amerikanern zur »Entnazifizierung« von Kriegsverbrechern und hohen nationalsozialistischen Funktionären eingerichtet worden. Die Angst der Opfer war für die alte Frau kein Thema. Nicht Mord, nicht Terror, nicht Verfolgung, die von diesen Männern ausgegangen waren, sondern nur ihre nichtige, kurze Angst um die Befindlichkeit ihres Mannes. Die Nazis saßen ein Jahr ein, kehrten dann in ihre Städte und Dörfer zurück und wurden bald darauf wieder geachtete Honoratioren.

Ihnen, die meisten leben inzwischen nicht mehr, ist bis heute ein durchaus wunderbares Denkmal am Wiener Schwarzenbergplatz gewidmet. Es zeigt einen alliierten, konkret einen russischen Soldaten, der seine Siegerfahne über die Stadt wehen lässt. Es hat dieser Soldaten bedurft, um die Demokratie in Österreich herzustellen. Ohne sie wären so viele Menschen dieses Landes weiterhin treue Diener der Nazis geblieben, unbelehrbar, uneinsichtig, unmündig.

Langsam wuchs eine neue Generation heran, die aus der schrecklichen geistigen und faktischen Enge ihres Elternhauses heraustreten wollte. Die Jungen entdeckten, dass das »Wohnzimmer Österreich« auch Fenster und Türen hatte. Das große Schweigen brach auf.

Die zweite Phase: Endlich Aufarbeitung

Am Ende der 1980er-Jahre taumelte Österreich in die »Waldheim-Affäre«. Kurt Waldheim war mit seiner Einheit am Balkan stationiert gewesen, hatte aber angeblich von den Gräueltaten der Wehrmacht, die rund um ihn passierten, nichts gewusst. Es entkam dem früheren UNO-Generalsekretär auch kein Wort des Bedauerns für die Opfer.

Wie seine ganze Generation, wie sich all die inzwischen entmachteten Mörder und Mitläufer in ihren ohnmächtigen Wutausbrüchen am Stammtisch immer wieder verhielten, so reagierte auch Waldheim.

»Ich habe im Krieg nichts anderes getan als hunderttausende Österreicher auch, nämlich meine Pflicht als Soldat erfüllt.«

Eine junge Generation erkannte durch ihn drastisch die Ignoranz der Altvorderen, und so verhalf der große Leugner, ohne es auch nur im Geringsten zu beabsichtigen, dem Land zu einem zumindest offenen Umgang mit der Geschichte der finsteren Jahre.

Der frühere Bundeskanzler Franz Vranitzky besuchte im Jahr 1993 Israel und anerkannte als erster hochrangiger österreichischer Politiker in einer Rede vor der Knesset, dem israelischen Parlament, die moralische Verantwortung unseres Landes, »weil viele Österreicher den Anschluss begrüßten, das Naziregime unterstützten und bei seinem Funktionieren halfen«.

Absurd genug: In der Gedenkstätte Auschwitz, wo jedes involvierte Land eine der früheren Gefangenenbaracken für eine nationale Ausstellung nutzt, wurde in der österreichischen Baracke erst im Jahr 2005 eine Zusatztafel angebracht, die auf die aktive Rolle so vieler Landsleute bei den Naziverbrechen hinweist. So gerne hätten die Österreicher selbst an diesem Ort ihre Beteiligung auch weiterhin verschwiegen.

Welch seltsame Blüten die Vergangenheitsbewältigung in Österreich bis in die Gegenwart treibt, lässt sich auch am Beispiel des Wunderteam-Fußballers Matthias Sindelar gut zeigen.

Alpenländischer Widerstand

In Österreich gab es während der nationalsozialistischen Terrorzeit kaum zivilen Widerstand. Einige kommunistische Untergrundkämpfer standen isoliert auf verlorenem Boden und wurden großteils von den Nationalsozialisten enttarnt und verhaftet. Eine kleine Zahl an Katholiken wurde dem Auftrag ihrer Religion gerecht und half verfolgten Menschen. Eine Gruppe ähnlich jener der Geschwister Scholl in Deutschland bildete sich jedoch nirgends im Land. Von den Verantwortlichen der jüdischen Gedenkstätte Yad Vashem wurden gerade einmal neunzig Österreicherinnen und Österreicher mit dem Titel »Gerechte unter den Völkern« dafür ausgezeichnet, dass sie während der Zeit des Nationalsozialismus Juden geholfen hatten. Diese bewundernswerten Menschen versteckten Juden auf ihren Bauernhöfen oder in ihren Wohnungen, um sie vor dem sicheren Tod zu bewahren.

Viele waren es nicht, die so handelten. Bedeutend mehr wollten sich nach dem Krieg weißwaschen und erzählten von angeblichen Heldentaten, die sie zugunsten der Verfolgten vollbracht hätten. Mein Vater pflegte angesichts dieser selbst ernannten Widerstandskämpfer belustigt zu sagen: »Bei Wiener Familien waren während der Nazizeit mehr Juden versteckt, als vor dem Krieg hier gelebt haben.«

Die Österreicher feierten als ihren großen, antifaschistischen Helden einen Mann namens Matthias Sindelar. Er war ein begnadeter Spieler des österreichischen »Wunderteams«, das in den 1930er-Jahren am Kontinent gegen alle großen Fußballnationen erfolgreich war.

Der 1938 bereits in die Jahre gekommene Kicker soll unmittelbar nach dem »Anschluss« zum jüdischen Arzt seines Fußballvereins »Wiener Austria« gesagt haben: »Herr Dr. Schwarz, ich werde Sie immer grüßen.« Das mag im Wissen um die späteren Verbrechen der Nazis wie eine mutige Ansage klingen. Das war es jedoch nur bedingt am Beginn dieser Ära, wo die weiteren tragischen Entwicklungen für einen einfachen Menschen nicht vorstellbar waren.

Anfang 1939 starb Sindelar in der Wohnung einer jungen Frau an einer Rauchgasvergiftung. Der österreichische Schriftsteller Friedrich Torberg, ein großer Verehrer des Ausnahmefußballers, begründete bald nach dem Krieg mit einem Gedicht dessen Ruhm als Mann des Widerstands. Er schrieb den Unfalltod zu einem Freitod um, den Sindelar wegen der Nazis gewählt hätte, und schon war ein österreichischer Held geboren.

Anlässlich des hundertsten Geburtstags von Sindelar im Jahr 2003 übergab mir eine alte Dame Dokumente, die, wie ich später herausfand, auch für jedermann offen im Staatsarchiv verfügbar sind und die zeigen, dass Matthias Sindelar sein Stammcafé »arisiert« hatte. Die Nazis hatten den jüdischen Besitzer, Leopold Simon Drill, davor zum Verkauf gezwungen. Ein Rollkommando der Gestapo hatte seinen Sohn aus dem Kaffeehaus verschleppt und in das Konzentrationslager Dachau gebracht. Drill beugte sich dieser brutalen Einschüchterung und stimmte einer Veräußerung zu. Das Kaffeehaus wurde von der sogenannten Arisierungsstelle zu einem Spottpreis Matthias Sindelar zugesprochen. Er musste dazu erklären, dass er »arischer Abstammung« sei, was er durch seine Unterschrift bestätigte. Darüber hinaus erhielt er Unterstützung von der NSDAP, die an die Behörden schrieb, man möge den »Parteigenossen Sindelar« bei seinem Ansuchen wohlwollend behandeln. So viel Opportunismus war erfolgreich, der Fußballer konnte stolz vor seinem Kaffeehaus posieren.

Die Nazibehörden bezahlten den früheren Besitzer nie aus, sondern wiesen ihn bald darauf in das KZ Theresienstadt ein und ermordeten ihn dort.

Rund um Sindelar entstand dennoch ein Heldenmythos, der von den Wunschvorstellungen nach wenigstens einem widerständigen Menschen in Österreich getragen war. Bald tauchte der Mythos auf, er hätte das Kaffeehaus nur übernommen, weil er es für Drill unversehrt erhalten und es ihm nach dem Krieg wiedergeben wollte, was allerdings voraussetzte, dass Sindelar das rasche Ende der Naziära vorausgesehen hatte. Ein eher absurder Gedanke.

Den jüdischen Doktor Schwarz zu grüßen und des Fußballers angeblicher Freitod reichten den nach einem Helden dürstenden Sindelar-Fans als Beweis für seinen heroischen Widerstand gegen das Naziregime. Die Realität sieht anders aus. Ein begnadeter Ballartist wusste die Gunst der Stunde trickreich zu nutzen, wie so viele andere auch. Er raubte einem Juden, der sich nicht wehren konnte, seinen Besitz.

Ich beschrieb die wahren Umstände in einem Zeitungsartikel und stellte mich in der Folge einer Reihe von Diskussionen. Meiner Ansicht nach war es damals an der Zeit, die Geschichte des Matthias Sindelar neu zu denken.

Kurz nachdem mein Artikel zu diesem mit Gewalt erzwungenen Besitzerwechsel, der mehr einem Diebstahl denn einem Kauf ähnelte, erschienen war, setzte der Wiener Kulturstadtrat eine Kommission ein, die prüfen sollte, welche während der Nazizeit verliehenen Ehrengräber als solche weiterbestehen sollten und wem die Ehre nicht zustünde. Wohlgemerkt, das geschah 58 Jahre nachdem die Nazis besiegt und entmachtet worden waren.

Die Kommission tagte und fand Matthias Sindelar würdig, weiterhin in einem Ehrengrab der Stadt zu ruhen. Eine gute Ballbehandlung zählt in Österreich allemal mehr als ein bisserl Juden berauben.

Wohin das Gedenken geführt hat

Seit Waldheims großer Verleugnungsshow wird das Leid der Juden aufgezeichnet, es wird bedacht und aufgeklärt, es entstehen Denkmäler und Gedenkstätten.

> *Wir Juden sind zu den liebsten Fürsorgeobjekten wohlmeinender Menschen geworden, zu armen Opfern, an*

denen sie ihre Humanität auf das Allernetteste zeigen können.

Ich brauche das nicht, wir Juden brauchen das nicht. Was wichtiger wäre, ist nicht gelungen. Das Gedenken an den Winter der Shoah hat kein Bewusstsein für einen Frühling des Verstehens von heutigem Unrecht geschaffen. Bei »Schindlers Liste« weinen alle brav, das Töten von armen Judenkindern finden sie ganz schrecklich, aber mit ihnen heute hat das nichts zu tun.

Kein Wunder, die Geschichte an ihrem Ende statt am Entstehungsanfang zu beginnen, kann zu keinerlei Erkenntnis führen. Ohnehin will niemand Teil einer Tötungsmaschinerie sein, niemand zu den Bösen gehören. So weit, so klar. Die Aufklärer lehren jedoch nicht, welchen Beitrag zur Verhinderung neuen Unrechts die Menschen leisten können.

Es ist weder in Deutschland noch in Österreich umfassend analysiert worden, wie sich Widerstand gegen die Feinde der Demokratie organisieren lässt. Die Gründe für das Entstehen eines Mörderregimes wurden nie schlüssig und verständlich verhandelt. Minderheiten tun gut daran, dem Frieden dieser Gesellschaften nicht allzu sehr zu trauen.

Das gilt nicht alleine für uns Juden. Das deutsche und österreichische Volk hat auch vor Hitlers Machtergreifung und dem »Anschluss« nicht aus Tätern und Opfern bestanden.

Der Virus des Ausgrenzens und Diskriminierens schlich sich langsam ein und erfasste unmerklich immer mehr Menschen, bis er schließlich zum Todesbringer wurde.

Das wäre ein Ansatz zum Verstehen, der allerdings keine Gedenkstätten braucht, sondern andere, neue Formen der Vermittlung.

Es gibt auch heute noch so viele Duckmäuser, Kleinmütige und Ängstliche. Sie sind keine Täter, sie wollen auch keine sein, sie sind viel mehr leicht einzufangende Opfer von populistischen Menschenfängern. Es ist nicht Sache der Juden, sondern der Mehrheitsgesellschaft, diese Gruppe Optimismus und Selbstvertrauen zu lehren, das Ich der Menschen zu stärken.

Dabei hilft es nicht, wenn Juden als Opfer dargestellt werden oder sich als solche darstellen. Es geht nicht um uns, es geht um sie, die im Leben Zukurzgekommenen, die Entwurzelten, die sozial Benachteiligten, die große Zahl der Schwachen. Es gibt davon mehr, als uns lieb sein sollte.

Das sind die wahren Opfer, die stets nach anderen suchen, die sie für ihr Schicksal verantwortlich machen können, weil sie nicht gelernt haben, es selbst in die Hand zu nehmen.

Gedenkstätten

In meinem frühen Berufsleben reiste ich oft nach Oberschlesien und fuhr dann auch mehrfach in das Konzentrationslager Auschwitz. Besucher erfahren dort, was entmenschter, industriell abgewickelter Massenmord ist. Sie wissen deshalb aber noch nicht, wie es möglich war, dass deutsche und österreichische Bürger das planten und exekutierten.

Lehrer führen Kinder aus ganz Polen in großen Gruppen durch das Lager. Viele der jungen Menschen lachen. Sie sind vom Grauen überfordert. Solche Besuche wirken nicht aufklärend, sondern bestenfalls verstörend, im schlechtesten Fall führen sie zu trotziger Ablehnung und Aggression.

Diese Kinder haben alle nie den Wunsch, Mörder zu werden. Davon muss niemand sie überzeugen. Warum aber andere dazu wurden, das vermitteln ihnen ihre Lehrer nicht. Die stete Wiederholung des »Nie wieder« bleibt ohne eine solche tief greifende Analyse nichts als eine untaugliche Beschwörungsformel.

Rund um ein ehemaliges Konzentrationslager irgendwo in Deutschland oder Österreich, das hier nicht benannt werden soll, weil es nur als ein Beispiel für viele andere steht, passiert immer wieder dasselbe. Ehemalige Opfer und ihre Nachfahren, die zum Gedenken an die furchtbaren Ereignisse zu den Stätten ihrer Leiden kommen, behandeln die Menschen, die rund um das Lager wohnen, so, als wären sie die ehemaligen Täter. Das schafft einen verhärteten Gegensatz zwischen Opfern und heutiger Bevölkerung, der aufgebrochen werden müsste. Wenn es den Organisatoren der Gedenkstätten nicht einmal gelingt, die in der Nähe wohnenden Menschen einzubeziehen und sie zu Trägern einer Botschaft des Miteinanders zu machen, läuft alles schief.

Die Opfer müssen Gelegenheit dazu haben, ihrer toten Freunde zu gedenken und von den Orten ihrer eigenen Qual Abstand zu gewinnen. Auch ihren Nachkommen steht ein solcher Ort der Trauer zu. Aber das allein ist zu wenig. Es fehlt eine Anbindung an das Hier und Heute, ebenso wie der Dialog derer, die das Gedenken nutzbar machen wollen, mit der Bevölkerung.

Dafür gibt es zwei Gründe. Zum Ersten wird die Shoah bis heute unter dem alleinigen Blickwinkel Täter, Mitläufer und Opfer gesehen. Es fehlen Analysen darüber, wann und wie alles begann, wie sich das Unrecht einschlich, solange, bis eine Umkehr nicht mehr möglich war. In Gedenkstätten können Menschen lernen, dass es Mord und Grauen gegeben hat, aber nicht, warum das so war. Manche weinen bittere Tränen des Entsetzens und des Mitleids. Aber sie erfahren nicht, was sie selber dazu beitragen können, dass so etwas nie wieder geschieht.

Bis heute gibt es nur Bruchstücke von Thesen darüber, warum die Menschen in Deutschland und Österreich wie Dominosteine in die Katastrophe gekippt, warum sie mit Jubel in den Krieg marschiert sind, der auch sie tötete und verstümmelte. Der Besuch von Gedenkstätten hilft derzeit nicht, mehr über das Warum zu erfahren.

Zum Zweiten begehen Organisatoren und Opferverbände das Gedenken in ritueller Form. Jedes Jahr finden die immer gleichen Veranstaltungen und Festvorträge statt, zu denen nur ein innerer Kreis geladen ist. Die Guten bleiben unter sich, was im Umkehrschluss nicht nur heißt, dass sie nichts nach außen vermitteln, sondern dass sie einen Gegensatz zur Mehrheitsgesellschaft aufbauen, statt mit dieser Schlussfolgerungen und Möglichkeiten für ein besseres Heute zu besprechen.

Die Gedenkstätten beantworten die entscheidende Frage, warum es zur Shoah gekommen ist, nicht. Dazu gab und gibt es unter uns Juden unterschiedliche Ansichten, so auch in meiner Familie. Die Schwester meiner Mutter blieb gemeinsam mit ihrem Mann nach dem Krieg in England. Die Deutschen und Österreicher, so ihre und die Meinung vieler anderer Emigranten, wären Antisemiten von Geburt an und würden sich niemals ändern. In ein solches Land zurückzukehren, kam für sie nicht infrage. In der Tat hat die englische Gesellschaft sie und ihre Familie gut aufgenommen und respektvoll behandelt. Manche Emigranten haben nach dem Krieg nie wieder Deutsch gesprochen, viele wollten ihre Heimatländer nicht einmal mehr als Touristen bereisen.

Gegen eine solche, wie sie meinten, verkürzte Sicht der Dinge standen meine Eltern, die nicht genetische Disposition, sondern wirtschaftlich-historische Konstellationen dafür verantwortlich machten, dass es zu dieser Explosion von Mordlust und Grausamkeit in zuvor zivilisierten Ländern hatte kommen können. Eine ökonomische Depression in Deutschland und Österreich und die dadurch verursachte Deklassierung breiter Bevölkerungsschichten in Kombination mit antisemitischen Traditionen hätten zu einem explosiven Gemisch geführt, das geeignet war, die Nationalsozialisten an die Spitze der Macht zu spülen, ohne dass ihnen Widerstand geleistet worden wäre.

Arm, chancenlos, antisemitisch indoktriniert – so hätten die Zutaten der mörderischen Brühe geheißen.

Meine damals noch sehr jungen Eltern sahen es als ihre Mission, in ihre Heimat Österreich zurückzukehren und hier einen Beitrag für einen wirtschaftlich gesunden und demokratischen Staat als Basis für ein zukünftiges friedliches Zusammenleben zu leisten. Das dankte ihnen niemand. All jene, die mitschuldig an der Zerstörung des Landes waren, brüsteten sich später bloß mit ihrer Leistung beim Wiederaufbau, als ob es nicht ihre ureigenste Sache gewesen wäre, die Auswirkungen ihrer vorangegangenen Tollwut zu beseitigen. Leute wie meine Eltern, die keine Verantwortung für den Irrsinn trugen und dennoch mitschufteten, wurden von ihnen weiterhin als unerwünschte Eindringlinge betrachtet und aus der Gemeinschaft ausgeschlossen.

Sind Deutsche und Österreicher grundsätzlich böse?

Eines konnten auch meine Eltern nicht auflösen. Warum waren es vor allem die Deutschen und Österreicher, die in einer tief greifenden wirtschaftlichen Krise zu Mördern wurden? Damals wie heute leiden Menschen in vielen Ländern unter erbärmlichen ökonomischen Bedingungen, wissen nicht, wie sie den nächsten Tag überleben sollen. Es bilden sich auch heute vielerorts Parteien, die gegen Minderheiten und Fremde hetzen, es etablieren sich schandhafte Politsysteme. Aber nirgends entsteht ein System der industriellen Ausrottung, wie es die Nazis betrieben haben. Sind Deutsche und Österreicher also doch anders, und wenn ja, wie können wir eine erneute Deformation des politischen Systems in diesen Ländern ein für alle Mal verhindern?

Diese Fragen sind nicht beantwortet. Sie müssten jedoch ein wesentliches Thema sein, das weit über das bloße Erinnern an die Vergangenheit hinausreicht, weil sie unser Hier und Heute betreffen.

In Jerusalem steht die Mutter aller Gedenkstätten, Yad Vashem. Sie gehört uns Juden. Dort ist die Erinnerung an unsere Toten in einer riesigen Datenbank gespeichert, dort ist der Ort für unser eigenes Gedenken. Mehr als diesen würdigen Platz brauchen wir Juden nicht.

Alle anderen Gedenkstätten müssten sich, wollten sie ihrem eigenen Anspruch gerecht werden, neu orientieren. Wohlgemerkt, diese Orte der Erinnerung hatten in den Jahren nach dem Aufbrechen des Schweigens eine wichtige Funktion. Aber inzwischen haben Deutsche und Österreicher ihre Schuld eingestanden. Es sind neue Zeiten angebrochen.

»Was glaubt ihr denn, was passiert wäre, wenn wir das System bekämpft hätten? Wir wären doch sofort auch zu Opfern geworden«, sagten uns seinerzeit die Mitläufer, wenn wir sie mit ihrer Rolle konfrontierten. Darauf gibt es bis heute keine gültige Antwort. Auch wir selbst wissen nicht, wie mutig wir gewesen wären.

Damit niemand mehr in die Situation kommt, Unrecht nur mehr mit Todesmut verhindern zu können, müssen wir den Zeitpunkt verstehen lernen, an dem der totale Staat seinen Ausgang nimmt. Wir müssen nicht nur wissen, wie Widerstand funktioniert, sondern vor allem, wann er einzusetzen hat. Das alles bleibt in den Stätten der Trauer ausgespart.

Das Unrecht begann nicht im Konzentrationslager, sondern es entstand durch kleine, sich ständig steigernde Faschismen des Alltags. Kleine, unmerkliche Schritte auf dem Weg zum Unrecht, wie wir sie auch heute am Beispiel von antisemitischen Übergriffen und Diskriminierungen anderer Minderheiten, wie Muslime, ausländischer Bürger oder Roma, erleben.

Wir können die Gedenkstätten zusperren

Das haben so viele in unserer Gesellschaft nicht begriffen, was den Schluss zulässt, dass Gedenkstätten wohl Sinn machen, damit die Opfer und ihre Nachfahren einen Ort der Trauer haben. Aber in ihrer heutigen Form leisten sie keinen Beitrag zur Verhinderung neuer Fehlentwicklungen wie dem Aufkommen faschistischer Strukturen. Sie erklären das Ende, nicht den Beginn.

Das Bewusstsein der Mehrheitsbevölkerung in Deutschland und Österreich wäre ohne Gedenkstätten vermutlich nicht viel anders als mit ihnen. Von mir aus könnten sie, wenn sie nicht neue Formen der Vermittlung finden, ersatzlos zusperren. Das Geld ließe sich gut für sozialwissenschaftliche Studien und pädagogische Konzepte verwenden, die neue Formen des Demokratieunterrichts entwickeln helfen.

Dieser Vorschlag wird nicht Realität werden. In den Gedenkstätten, Museen und Schulen bemühen sich wohlanständige Menschen darum, das Unrecht anhand der Geschehnisse von damals aufzuzeigen. Bloß verändern sie damit die Einstellungen der Menschen nicht. Je mehr sie scheitern, desto mehr verstärken sie ihre unwirksamen Methoden. Die einmal gewählte Strategie muss einfach richtig sein, sonst wäre ihr ganzes Berufs- und Lebenskonzept grundsätzlich infrage gestellt.

Was ich hier beschreibe, hat nichts mit einer »Holocaust-Industrie« zu tun, wie sie Norman Finkelstein konstruierte. Er behauptete, dass manche die Erinnerung an die Shoah nur aufrecht hielten, um sich zu bereichern. Das ist jüdische Selbstzerfleischung, oder anders gesagt, purer Unsinn.

Die Nationalsozialisten raubten deutschen und österreichischen Juden alles, was sie besaßen. Die Nachkommen bekamen bestenfalls einen Bruchteil ihres früheren Besitzes zurück. Profitiert hatten nur Menschen in den Täterländern. »Hitler hat uns die Autobahnen gebaut«, war allen Ernstes ein Argument nach dem Krieg, das sagen wollte, dass es nicht nur Schlechtes gegeben habe. Dass Hitler die Autobahnen und die Massenvernichtungswaffen mit den geraubten und abgepressten Geldern der Juden finanziert hat, sparten die Ewiggestrigen aus. Das war die einzige »Holocaust-Industrie«, die es tatsächlich gab. Ich werde im nächsten Kapitel auf die Entschädigungen eingehen, die die Opfer des Nationalsozialismus erhalten haben. Sie kamen zu spät und sie machten nur einen Bruchteil dessen aus, was den Menschen geraubt worden war.

Die Menschen, die heute das Unrecht benennen, die sich in Gedenkstätten mit großem Einsatz um die Erinnerungsarbeit kümmern, meinen es gut. Sie verrichten vielfach un- oder schlecht bezahlte Arbeit. Aber gut gemeint ist zu wenig und oftmals das Gegenteil von gut.

Die Gedenkprofis bewegen sich in einem geschlossenen System, in dem einer den anderen, der andere den einen in der Richtigkeit seiner Vorgehensweise bestärkt.

Um es mit Mark Twain zu sagen: »Und als sie das Ziel aus den Augen verloren hatten, verdoppelten sich ihre Anstrengungen.«

So vermitteln gute Menschen die Erinnerung weiter und weiter in der immer gleichen, althergebrachten Form, während draußen an den Stammtischen, in den Parks, auf den Tribünen der Fußballplätze und in den Discos junge Menschen rechtes Gedankengut wieder für total chic halten und die Fremdenfeindlichkeit bereits weit in der Mitte der Gesellschaft angekommen ist.

Nur wenn die Bevölkerung eingeladen wird, an neuen Formen der Demokratisierung mitzuarbeiten, werden Gedenkstätten auch zukünftig Sinn machen und dazu beitragen, dass das »Nie wieder« gesichert ist.

Gedenken braucht kein System von Lehrern und Belehrten, sondern einen echten Dialog zwischen allen Menschen, um gemeinsam Erkenntnisse zu schöpfen und kommenden Generationen zu vermitteln.

Die Menschen in Opfer und Täter zu teilen, führt jedenfalls nicht zum Ziel. Das verstärkt nur die Gefahr, dass junge Menschen einen trotzigen Stolz auf das Unrechtssystem entwickeln oder sich abwenden, weil sie den Sinn solchen ritualisierten Gedenkens nicht zu erkennen vermögen.

Exkurs zu den Entschädigungszahlungen

Im Jahr 1995, fünfzig Jahre nach der Befreiung, richtete die Republik Österreich einen Fonds für die Opfer des Nationalsozialismus ein. So wichtig es für viele Juden war, als bereits alte Menschen von achtzig, neunzig Jahren eine geringe Entschädigung für all das zu erhalten, was ihnen die Nazis an Lebenschancen und an tatsächlichen Werten geraubt hatten, so unbefriedigend war dieser Fokus auf ökonomische Werte statt auf Respekt und Anerkennung.

Geld stand im Vordergrund, so als ob die Juden keine Seele und kein Herz hätten, die verwundet und gebrochen worden waren. Das entsprach genau dem Hassargument der Antisemiten über die angebliche Geldgier der Juden. Ein Klischee, das sich wie ein roter Faden durch die Geschichte antijüdischer Ressentiments zieht und auch im Unterbewusstsein vieler scheinbar Wohlmeinender gelandet ist.

Tatsächlich hätten die meisten Juden lieber ein gutes Wort viel früher als ein paar Silberlinge knapp vor Ende ihrer Lebenszeit erhalten. Manche, darunter der inzwischen schon verstorbene Wiener Volksschauspieler Otto Tausig, nahmen das Geld gar nicht an oder spendeten es einer Hilfsorganisation.

Die Juden erhielten im Übrigen bei Weitem nicht das zurück, was ihnen die Nazis gestohlen hatten. Sie konnten die geraubten Vermögenswerte angeben, diese wurden dann auch penibel bewertet, tatsächlich gezahlt hat ihnen der Fonds aber nur zwischen zehn und fünfzehn Prozent. Mehr war nicht im Topf. Man kann hier durchaus von argem Zynismus sprechen. Aber immerhin wussten die alten Leute jetzt, was ihnen die Nazimaschinerie in Geldwerten ausgedrückt gestohlen hatte.

Eine gut gemeinte Geste, aber doch eine, die zeigte, wie groß die Distanz der politischen Klasse zu den Juden ist. Denn es ginge auch anders.

Leon Zelman, der als Zwölfjähriger zuerst in das Konzentrationslager Auschwitz und dann in das Nebenlager in Ebensee verschleppt worden war und dessen gesamte Familie in der Shoah von den Nazis ermordet wurde, gründete in den 1980er-Jahren das »Jewish Welcome Service«. Diese Einrichtung wollte jüdische Emigranten mit Österreich aussöhnen und ihnen den Weg in die alte Heimat öffnen. Die Menschen kamen, hohe Repräsentanten der Republik empfingen sie zur Kaffeejause. Sie schauten sich an den Orten ihrer Kindheit und Jugend um, sahen ein neues, scheinbar besseres Österreich und fuhren wieder heim zu ihren Familien.

Die hohen Würdenträger kamen jedoch von selbst nie auf die Idee, auch jene Emigranten, die gleich nach dem Krieg in ihre Heimat zurückgekehrt waren, zu einer solchen kleinen Festveranstaltung mit Kuchen und Kaffee einzuladen.

Ich habe selbst den früheren Bundespräsidenten Thomas Klestil darauf hingewiesen und gebeten, ähnliche

Empfänge wie für die ferngebliebenen Juden auch für die zurückgekehrten zu geben. Ich stieß aber auf Ablehnung. Er schrieb mir einen Brief, in dem er betonte, wie gut sein Einvernehmen mit Juden während seiner Zeit als Diplomat in den USA gewesen sei. Mehr fiel ihm dazu nicht ein. Auch dieselbe Bitte an den späteren Bundeskanzler Franz Vranitzky ging ins Leere. Bitter war die Erkenntnis, dass für sie und so viele andere scheinbar galt: Nur ein weit entfernter Jude ist ein guter Jude.

Es war schließlich die erste Nationalratspräsidentin Barbara Prammer, die vor wenigen Jahren damit begann, die alten Menschen, die aus Österreich hatten flüchten müssen und dennoch zurückgekehrt waren, im Parlament zu empfangen und Worte des Respekts an sie zu richten. Sie leistete damit mehr, als jeder finanzielle Beitrag erreichen könnte. Nur waren da die meisten, denen eine solche Anerkennung gebührt hätte, längst verstorben.

Denkmäler

Mit den Denkmälern verhält es sich anders als mit den Gedenkstätten. Sie zeigen bestens den unterschiedlichen Blick auf die Shoah in den verschiedenen historischen Perioden und sind damit Zeichen der anfänglichen Verdrängungs- und der späteren Aufarbeitungsgeschichte, die mehr erklären als viele Worte.

Das erste Denkmal in Österreich, es ist mein Lieblingsdenkmal, steht am Wiener Schwarzenbergplatz und stellt den siegreichen Soldaten über die nationalsozialistische Herrschaft dar. Nicht zufällig gibt es immer wieder Anläufe von Politikern aus dem rechten Eck, die diesen alles überragenden Sieger entfernt haben wollen. Ich hingegen denke erfreut an die Geschichte eines solchen Kämpfers, der von den Nazis in einen Krieg gezwungen wurde und aus ihm als Sieger zurückkehrte.

Mein vor wenigen Jahren verstorbener Vater lebte als Kind in Wien-Döbling. Wegen einer nicht diagnostizierten Kinderkrankheit blieb er klein und war bis in seine alten Tage ein dünnes Männchen mit zarten, fast kindlichen Gliedmaßen. Kein wirkliches Muster für einen Soldaten oder Helden. Er besuchte ein Wiener Gymnasium, war Vorzugsschüler und wollte Arzt werden. Dann kam der »Anschluss« und der 15-Jährige musste gemeinsam mit seinem Bruder flüchten, um nicht als Jude verfolgt und getötet zu werden. Mit einem »Kindertransport« gelangten die beiden Brüder nach England, wo ein Schneidermeister meinen Vater aufnahm und ihn im Handwerk unterrichtete. Kaum im wehrfähigen Alter meldete er sich zur englischen Armee. Der kleine Mann mit der klassischen Figur eines Schneidermeisters wurde zum Kämpfer in den Reihen der Alliierten.

Aus Gründen, die ich später nie eruieren konnte, wurde er nicht an der Front gegen die Naziarmee eingesetzt, sondern musste als Soldat der »British Indian Army« in Burma gegen die mit Hitler verbündeten Japaner kämpfen. 1946 kehrte mein Vater in englischer Uniform nach

Wien zurück. Er hatte den Krieg gewonnen. Das ist sein Vermächtnis. Stellvertretend für ihn steht ein russischer Soldat am Schwarzenbergplatz und sein Schild glänzt hell in der Sonne. Die Botschaft dieses Denkmals lautet: »Leute, wenn ihr es nochmals versucht, kriegt ihr wieder was auf die Mütze.«

Ein anderes Denkmal, jenes von Alfred Hrdlicka am Albertinaplatz, entstand kurz nach der »Waldheim-Affäre« und kann als kämpferischer gesellschaftlicher Gegenentwurf zur Verdrängung gelesen werden. Es konfrontiert den Betrachter mit einem die Straße waschenden Juden. Was jahrzehntelang geleugnet wurde, können die Wiener seit 1988 im Zentrum Wiens plastisch sehen.

Viele Juden waren mit dem Denkmal nicht zufrieden, weil es auch mit einem »Tor der Gewalt« der an der Kriegsfront gefallenen Soldaten gedenkt. Sie wollten nicht, dass ein Jude gemeinsam mit jenen in einer Gedenkstätte vereint ist, die für das Töten mitverantwortlich waren und gerade noch jede Schuld geleugnet hatten. Es war richtig zu einem Zeitpunkt, als das späte Gedenken eben erst begonnen hatte, eine ausschließlich den Opfern gewidmete Skulptur zu fordern. Kaum jemand hatte bis dahin über das Unrecht gesprochen. Die Menschen deckten alles zu und leugneten, da musste das Leiden der Juden nicht gleich mit dem der Soldaten der deutschen Wehrmacht in dasselbe steinerne Monument gehauen werden. Viele, zu viele dieser Soldaten hatten begeistert »Hier« geschrien, als es mit Hurra in den Krieg ging.

Hrdlickas Denkmal verliert aber nach rund 25 Jahren an Bedeutung. Jene, die unsere Vorfahren gezwungen haben, die Straßen zu waschen, und jene, die johlend oder schweigend dabei zuschauten, sind fast alle nicht mehr unter uns. Für uns heute lebenden Juden taugt die Figur nicht mehr. Wir sind keine Opfer. Beim respektvollen Gedenken an unsere Vorfahren aber sollten wir unter uns bleiben.

> *Unsere Vorväter brauchen nicht mehr straßenwaschend auf einem öffentlichen Platz ausgestellt zu werden. Die Tauben scheißen dort auf den Juden und der Erkenntnisgewinn für die Betrachter geht gegen null.*

Als Reaktion auf Hrdlickas Ensemble und die jüdische Kritik daran entstand das Denkmal von Rachel Whiteread, das die Stadtverwaltung im Jahr 2000 auf dem Wiener Judenplatz aufstellte. Es arbeitet mit den Themen Erinnerung und Verlust und stellt eine nach außen, zum Betrachter gewandte Bibliothek dar.

Die Menschen sollen es als Erinnerung an die Ermordeten lesen, aber auch als Symbol für den Verlust an Kultur, den die Gesellschaft durch die Ausrottung so vieler kreativer Menschen erlitt.

Auch wenn wir heute als marginalisierte jüdische Gemeinde die kulturellen Leistungen unserer Vorfahren für die Gesellschaft nicht mehr erbringen können, so erinnert uns dieses Denkmal doch an unseren Stolz und unser Können. Es verpflichtet uns als neue jüdische Generationen aus dem Opfergestus wieder in die Tradition des jüdischen Schaffens einzutreten.

So führen uns diese drei Denkmäler durch dic so widersprüchliche Geschichte der Aufarbeitung der Shoah. Vom unmittelbaren Kampf gegen den Naziterror, den fremde Soldaten für unsere Demokratie gewinnen mussten, über die offene Konfrontation mit den Konsequenzen des mörderischen Systems bis hin zum ruhigen und sachlichen Gedenken an die Leistungen der Juden und an die verlorenen Menschen. Wir Juden können jetzt die Gesellschaft dabei alleine lassen, die richtigen Schlüsse aus der Vergangenheit zu ziehen. Gerne helfen wir dabei. Wenn die Mehrheit die Sicherung einer funktionierenden Demokratie nicht ohne uns schafft, ist ohnehin alles verloren.

Resümee

Der Umgang mit der Shoah zerfällt in zwei Perioden. In einer ersten schwiegen die Menschen, in einer zweiten sprachen sie über Schuld und das Leiden der Opfer.

Viele Jahrzehnte sind seit der Shoah vergangen, die damalige Generation ist zum größten Teil nicht mehr unter uns. Den Opfern von damals, die unter uns leben, gehört unser Respekt. Ich rufe ihnen in guter Tradition den jüdischen Geburtstagswunsch zu: »Auf 120!«

Es ist Zeit für eine dritte Periode. In ihr mögen alle nachgeborenen Juden die Opferrolle abgeben und lieber in eine jüdische Zukunft investieren. Niemand von uns soll versuchen, Nutzen aus dem Leid unserer Vorfahren zu ziehen. Es ist unanständig gegenüber den uns Wohlmeinenden und sinnlos gegenüber unseren Feinden.

Ich schlage vor, dass wir uns auf unsere Kompetenz als ein Volk des Lernens, des Studierens, der Kultur und des Wissens konzentrieren. Das macht mehr Freude, als ständig über unsere damaligen oder auch heutigen Feinde nachzudenken.

Die Repräsentanten unserer Gemeinde sind aufgerufen, Kritikern, die einen seriösen Kommentar auf ihre Meinungen und Fragen verdienen, unaufgeregt zu begegnen. Das Wort »Shoah« sollten sie dabei nicht mehr verwenden. Es ist eine Beleidigung für die Opfer dieser grausamen Zeit, wenn alles und jedes so benannt wird.

Nicht jeder dumme Antisemit erfordert unsere Aufmerksamkeit. Manchmal können wir einfach schweigen. Mit solchen Menschen zu diskutieren, zieht uns nur auf ihre Stufe herab.

Schließlich fordere ich die deutschen und österreichischen Politiker und die Zivilgesellschaft auf, die drohenden Zeichen des neu aufflammenden Nationalismus und Rechtsextremismus ernst zu nehmen. Dass bei ihrer Bekämpfung keine Gedenkstätten und Rituale der Erinnerung an die Shoah helfen, ist evident. Wir brauchen eine umfassende Analyse darüber, wie wir verhindern können, dass sich die Grenzen der Moral in unserer Gesellschaft unmerklich verschieben und in langsamen

Schritten der Ungeist von den Menschen Besitz ergreift. Denn nur dann können wir sicherstellen, dass wir den Moment, in dem Eingreifen noch gefahrlos möglich ist, nicht versäumen.

Dabei hilft nicht die Erinnerung an das Ende der Geschichte, sondern nur das Wissen um den Entstehungsanfang. Die Verantwortung für ein friedliches und demokratisches Gemeinwesen liegt bei der Mehrheitsgesellschaft und nicht alleine bei uns Juden.

Wir Juden haben große Leistungen für die Menschheit erbracht. Wir werden das auch in Zukunft tun.

Christian Ortner

PROLO KRATIE

Demokratisch
in die Pleite

edition a

Christian Ortner
Prolokratie

Sie ist ungebildet, unreflektiert, manipulierbar, von vordergründigen Bedürfnissen getrieben und entbehrt jedes Weitblickes – jene Masse, an der sich Politiker aller Lager orientieren und die so letztlich bestimmt, wo es im Staat langgeht. Christian Ortner widmet sich in seiner Streitschrift mit pointierter Polemik den Folgen dieser Vorherrschaft der bildungsfernen, aber grundsicherungsaffinen Schichten und gelangt zur Einsicht: Die Demokratie ist früher oder später zum Bankrott verurteilt, denn die Masse regiert den Staat in den Untergang. Erst wenn er ruiniert ist, können die demokratischen Systeme wieder Selbstheilungskräfte entwickeln.

ISBN 978-3-99001-047-1
96 Seiten, EUR 14,90

WIR
KOM
MEN
Inan Türkmen
edition a

Inan Türkmen
Wir kommen

Ein junger Türke regt auf: »Egal, ob ihr uns mögt oder nicht, ob ihr uns integriert oder nicht, ob ihr uns in der EU haben wollt oder nicht, unser Einfluss in Europa wird steigen. Denn wir sind jünger, hungriger und stärker als ihr.« Den Beweis für seine These führt Inan Türkmen anhand der boomenden türkischen Wirtschaft, anhand von Studien über demografische und gesellschaftliche Entwicklungen und anhand des Einflusses, den Auslandstürken schon jetzt in Europa haben. Selbstbewusst und mit ungewohnter Gelassenheit tritt er damit gegen Vorurteile an.

ISBN 978-3-99001-031-0
96 Seiten, EUR 14,90